《走向2049的国家发展战略研究》丛书

中国金融养老之路的战略研究
从"十三五"到2049

姚余栋　董克用　等著

ZHONGGUO JINRONG
YANGLAOZHILU DE ZHANLUE YANJIU
CONG SHISANWU DAO 2049

企业管理出版社
EMPH　ENTERPRISE MANAGEMENT PUBLISHING HOUSE

图书在版编目（CIP）数据

中国金融养老之路的战略研究：从"十三五"到2049 / 姚余栋等著.
—北京：企业管理出版社，2019.12
（走向2049的国家发展战略研究 / 洪崎，贾康，黄剑辉主编）
ISBN 978-7-5164-2061-4

Ⅰ.①中… Ⅱ.①姚… Ⅲ.①养老—金融业—发展战略—研究—中国 Ⅳ.①F832

中国版本图书馆CIP数据核字（2019）第258037号

书　　名：	中国金融养老之路的战略研究：从"十三五"到2049
作　　者：	姚余栋　董克用　等
责任编辑：	郑　亮　黄　爽
书　　号：	ISBN 978-7-5164-2061-4
出版发行：	企业管理出版社
地　　址：	北京市海淀区紫竹院南路17号　邮编：100048
网　　址：	http://www.emph.cn
电　　话：	编辑部（010）68701638　发行部（010）68701816
电子信箱：	qyglcbs@emph.cn
印　　刷：	北京环球画中画印刷有限公司
经　　销：	新华书店
规　　格：	170毫米×240毫米　16开本　11.5印张　166千字
版　　次：	2019年12月第1版　2019年12月第1次印刷
定　　价：	88.00元

版权所有　翻印必究·印装错误　负责调换

《走向2049的国家发展战略研究》丛书

丛书顾问

刘明康　刘世锦

丛书编委会

主编

洪　崎　贾　康　黄剑辉

编委（按姓氏笔画为序）

王　庆	王　诚	王广宇	白重恩	冯俏彬	刘　薇	许元荣
李　波	李万寿	宋　泓	张　瑾	张茉楠	张影强	金海年
洪　崎	姚余栋	姚枝仲	贾　康	夏　斌	徐以升	黄　锟
盛　磊	黄剑辉	董克用	管益忻	樊　纲	樊继达	魏　杰

本书编写组成员

总顾问　姚余栋　　　郭树强　　　董克用

编写组　曹德云　　　陈东升　　　陈锦光　　　党俊武　　　董登新
　　　　　冯丽英　　　甘　犁　　　甘为民　　　葛延风　　　洪　崎
　　　　　胡继晔　　　黄王慈明　　黄友嘉　　　纪志宏　　　贾　康
　　　　　金维刚　　　井贤栋　　　李　文　　　李　珍　　　林　羿
　　　　　刘　建　　　米　红　　　苏　罡　　　孙晓霞　　　唐　宁
　　　　　童　威　　　汪　泓　　　王金晖　　　王晓军　　　王永利
　　　　　吴玉韶　　　武建力　　　熊　军　　　杨燕绥　　　郑　杨
　　　　　郑秉文　　　周　红　　　周健男

丛书序

新供给经济学推进研究创新,是回应时代诉求和挑战的自觉努力行为。在创始初期,新供给研究团队就特别强调,不是为创新而创新,在世界金融危机冲击之下,主流经济学总体上必须进行反思,而反思应该有理性的高水平创新;在现实生活方面,在和平发展对接伟大民族复兴和现代化中国梦的关键时期,我们必须在转轨期间得到理论之光的烛照引领,要把理论密切联系实际取向下,新供给群体形成的"融汇古今、贯通中西"的现实努力,对接到我们站在前人肩膀上的研究成果之上,集大成地推进锐意创新,促进理性认识升华。这是研究者立身时代潮流当中的应有作为。

作为新供给经济学研究的重大研究项目,本丛书发布的面对中华人民共和国成立 100 周年的"中国 2049 战略"研究成果,反映了我们新供给经济学研究团队创立初期就确立的、在研究中必须明确"五年规划与四十年规划并重"的基本考虑,以引出制定基于全球视野的国家中长期发展战略,以及在前所未有的长期概念之下超越 30 年眼界并对接到实现"中国梦"时间段的综合发展战略。

新供给研究群体内的,以及帮助、支持新供给研究的专家,在国内研究界具有很大影响力。2014—2017 年历经四年,大家共同致力于这项课题的研究:短中期而言,该研究形成的认识和成果正在对接即将具体化的"十三五"规划,以及 2020 年既定的全面小康目标的实现;长期而言,该研究要对接伟大民族复兴和现代化中国梦。中国正处于和平发展、和平崛起的关键时期，从现在到2020年，除了全面小康目标的实现以外，攻坚克难的改革必须力争按中央要求取得决定性成果，同时还必须实现全面的法治化与全面的从严治党。在经济转轨过程中，对攻坚克难的复杂性和任务的艰巨性已具共识的前提下，面对这一必经过程，我们更应努力提供理论供给的有力支持。

就目前学界相关研究现状来看，国内尚无30年以上大跨度的系统化专业课题和专项研究，国外30年以上视界的国家战略规划研究也极为鲜见。然而，我们已经从一系列值得称道的长期研究框架中得到重要启示，比如中国辛亥革命以后孙中山先生就通盘考虑过的"建国方略""建国大纲"，又比如"二战"后一些欧洲有远见的政治家注重考虑，最后引到现实生活，目前在整个世界格局里非常有影响力的欧洲货币联盟。中国改革开放的过程中，可以越来越清晰地看到，我们实际上就是按照邓小平70年眼界"三步走"的伟大战略构想，在一步步地往前运行。这些都给了我们非常宝贵的启示和激励。鉴于此，我们更应力求做好这一在具体形态上有首次特征的、超越30年眼界的规划性战略研究。

新供给经济学研究团队的长期发展战略研究，以具有优化顶层规划、助益科学发展、形成促进国家现代化治理的有效供给功能为目标，怀揣国人一直以来就推崇的全面长远的心胸和眼界，在所谓"不谋全局者，不足以谋一域；不谋万世者，不足以谋一时"的共识下，充分认识当下"四个全面"新时期，走向"强起来"新时代迫切需要顶层规划与底层创业创新两个层面的良性互动，深知从规划视角考虑有效供给，绝不能坐等微观、局部试错过程。新供给2049战略研究，正是力图从学理和实证综合上支持顶层规划，同时注意服务于基层民间的创新创业。

从智力视角分析，我们高度认同"智库"的重要性。习近平总书记特别强调，智库关联着各个国家在国际合作和竞争中打造软实力的供给竞争。民间独立智库，也是华夏新供给经济学研究院的定位，具有现代社会竞争发展、合作、供给进程中一定的不可替代性。新供给经济学相关研究的导向，既不是"官场规则"，也不是

"反对派规则",而是具有独立、公正、专业的学术严谨性诉求,把握创新中的规范性,努力形成全面、深刻、务实的导向,以战略高度上的洞察力对接具备建设性、策略性、可操作性的研究成果。

新供给2049的战略研究,致力于服务党的十八大、十九大提出的方针和战略部署的实施,以长期、超长期的视角,支持从当下到中长期、大纵深的科学决策,进一步聚焦进入中等收入、中高收入阶段的最关键时期,一直联通至前瞻中华人民共和国成立100周年。中国目前面临如何跨越"中等收入陷阱""福利陷阱""转轨陷阱""塔西佗陷阱"等一系列历史性的综合考验。"中等收入陷阱"概念在当下讨论中已引起轩然大波,虽然这个概念本身有其边界量化的一定"模糊性",但我们还是愿意强调:基于全球范围的统计现象与中国发展中的矛盾凸显来判断,这是一个无可回避的"真问题",而且对于"中国梦"来说是顶级性质的"真问题"。"中国2049战略"研究成果,愿与各方交流、互动,以期产生启发、促进功能和决策参考作用,催化全盘思维、工作要领和重点方案的合理优化,由此联系和助益天下苍生、民生社稷、国家前途、民族命运及世界未来。

面对时代的客观需要,新供给经济学研究群体作为有担当、有社会责任感的中国知识分子和研究者,志在把握"天下家国"情怀具象化的时代定位,为党的十九大提出的"全面建成小康社会,夺取新时代中国特色社会主义伟大胜利,实现中华民族伟大复兴"宏伟目标,做出应有贡献。

洪崎　贾康
2018年春

《走向2049的国家发展战略研究》丛书

前言

从当下展望2049年，还有30年的时间。2049年已经被历史赋予了特殊的意义，这个中华人民共和国成立100周年的时点，也将是中国改革开放战略决策的总设计师邓小平当年所规划的以约70年的时间段（1980—2050年）经过"三步走"实现中华民族伟大复兴——习近平总书记生动表述的"中国梦"梦想成真的"除夕之夜"，是自工业革命落伍、落后的这个文明古国，终于凤凰涅槃般浴火重生、和平崛起的见证之年。

从"十三五"前瞻到2049年，做国家发展战略的系列化研究，是我们研究群体于"十三五"开局之前的自觉选择。经过骨干成员反复研讨，形成了一个主报告和十余个专题报告的通盘设计。在全体研究者的高度重视、共同努力下，终于在2016年年底使文稿初具规模，又经过几轮补充完善、反复修改打磨，最终将全部成果合成丛书，付梓奉献给读者。

面向2049年的国家长期发展战略研究，具有不寻常的背景：

一是伟大民族复兴愿景的召唤。中国这一人类历史上唯一古老文明没有中断的多民族大国，自以1840年鸦片战争为标志拉开近现代史帷幕后，曾一路积贫积弱，内忧外患，经甲午海战惨败、戊戌变法夭折之后，在20世纪陆续展开辛亥革命推翻两千年帝制，1949年成立中华人民共和国以及1978年后实行改革开放三件大事，终于在"千年之交"之后，站在现代化前两步目标提前实现的新的历史起点上，继续大踏步地跟上时代，一直推进到2012年中国共产党的第十八次全国代表大会开启经济、政治、社会、文化、生态"五位一体"全面布局的发展新阶段，经济总量已经跃升为全球第二位，并有望在未来不太长的历史时期之内上行至世界第一。2017年党的十九大，进一步指出了在"强起来"历史新时代，新的"两步走"现代化奋斗目标：如能在人均国民收入提高进程中成功跨越"中等收入陷阱"，并继续提升硬实力、软实力而和平崛起，就将于2035年基本建成社会主义现代化，并把中国现代化的宏观蓝图在2049年的时点上作为竣工大成之品，以现代化强国之姿展现于世界民族之林——"我们从未如此接近伟大民族复兴的愿景"，这个愿景鼓舞和呼唤着我们以集体合作的方式，提供服务于"梦想成真"的战略思维和科研成果。

二是"行百里者半九十"艰巨任务的挑战。在改革开放之后成功地实现了超常规高速发展和经济起飞而进入中等收入经济体之后，中国的经济运行虽然在总体上仍然具有巨大的发展潜力、成长性和"黄金发展期"特征，但"矛盾凸显期"的特征接踵而来，各种制约因素的叠加，形成了自2011年以来告别了高速发展阶段并向必须认识、适应还要引领的"新常态"阶段转换，同时改革进入深水区，"好吃的肉吃光了，剩下的都是硬骨头"，必须攻坚克难冲破利益的藩篱，以实质性的国家治理现代化进程解放生产力，对冲下行压力，才能形成旧动能衰退后新动能的转换升级，使发展方式加快转变，使增长过程维护其可持续性与长远的后劲，避免重蹈世界上绝大多数经济体已有前车之鉴的"中等收入陷阱"覆辙，完成中国古语譬喻的"行百里者半九十"的现代化长征。未来30余年征程中的一系列艰巨的改革发展任务，形成了历史性的挑战和考验，为应对好这种挑战，经受住这种考验，必须有尽可能高水平的战略层面的系统化研究设计，对决策和相关政策的优化给予有力支撑。

三是以知识创新工程式的智力支持，助推冲破"历史三峡"的迫切要求。在党的十八大以来，最高决策层经三中、四中、五中和六中全会，将治国施政的核心理念和大政方针一步步清晰化的过程中，高度重视哲学社会科学的创新、中国特色社会主义政治经济学的发展和智库建议，继现代化国家治理、"四个全面"战略布局以及以创新发展引领协调、绿色、开放、发展而落实于共享发展的现代化发展理念得到清晰明确的表述之后，又提出了供给侧结构性改革的战略方针，认定供给侧是矛盾主要方面，而以有效制度供给纲举目张地要求将改革进行到底，冲破最终实现中国梦的"历史三峡"，这客观地产生了对于"知识创新工程"式的智力支持的迫切需要，亟须以走向2049伟大民族复兴的长期视野、战略研究，助推中国经济社会的巨轮涉险滩、闯激流，克服一切艰难与风险，达于现代化的计日程功。

在此背景下，新供给智库"中国2049战略"研究成果出版发布的时代意义，便呼之欲出了。

第一，这一系列丛书反映的研究创新是回应时代诉求和现实生活挑战的自觉努力行为。智库的创始与工作，并不是为创新而创新，而首先是基于全球视野——在世界金融危机冲击之下，对主流经济学总体上的反思与创新势在必行，而反思中应该有对应于中国道路、中国方案的理性的高水平创新成果。在以和平发展对接伟大民族复兴和现代化中国梦的关键时期，我们必须在转轨中得到理论之光的烛照引领，把理论密切联系实际取向下新供给群体形成的"融汇古今、贯通中西"的共识对接我们经过努力"站在前人的肩膀上"的研究成果，集大成式地推进改革，促成发展升级，这是研究者立身时代潮流当中的应有作为。

第二，面对中华人民共和国成立100周年的"中国2049战略"研究成果，反映了我们早期就确立的新供给研究中必须明确地把"五年规划与四十年规划并重"的基本考量。努力实施研究而来的这项成果，要引出制定基于全球视野的国家中长期发展战略，这是在前所未有的长期概念之下，超越30年眼界，对接到实现中国梦时间段的发展战略，即从具体化的"十三五"规划，以及2020年既定的全面小康目标的实现，进一步延伸至伟大民族复兴和现代化中国梦的实现。中华民族正处在和平发展、和平崛起的关键时期，到2020年，中央要求除了全面小康目标的实现以外，攻坚克难的改革必须取得决定性成果，同时必须实现全面的法治化和全面的从严治党——攻坚克难的复杂性和任务的艰巨性，催促理论与智力供给的有力支持。虽然在国内还没有出现过30年以上时间跨度的类似课题的系统化专项研究，也没有检索到国外30年以上视界的国家战略规划研究，但是我们可以从一系列值得称道的研究框架中得到重要启示：比如，中国辛亥革命前后孙中山先生就考虑过"建国方略""建国大纲"；"二战"后一些欧洲有远见的政治家早已积极考虑，最后引到现实生活而在整个世界格局里产生重大影响力的欧洲货币同盟。在中国40年改革开放的过程中，越来越清晰地看到，我们实际上就是按照邓小平的70年眼界"三步走"伟大战略构想，在一步步前行，这些都可以给智库的长期战略研究以非常宝贵的启示和激励。2017年党的十九大进一步做出了2035年基本实现社会主义现代化、到2049年前后把我国建设成为现代化强国的战略规划。正是基于这种认知，我们以极大的热情投入并完成了这一在具体形态上有首次特征、超越30年眼界的规划性战略研究。

第三，这项长期发展战略研究具有优化顶层规划、助益科学发展、促进国家现代化治理的有效供给功能。从规划视角分析，中国人一向推崇有全面、长远的心胸和眼界，研究者都认同这样一种取向，所谓"不谋全局者，不足以谋一域；不谋万世者，不足以谋一时"。在十八大迈向十九大的新时期和十九大后的新时代，迫切需要顶层设计与市场微观主体两个层面的良性互动。"中国2049战略"研究力求从学理和实证方面支持顶层规划，同时注重呼应基层民间的创新创业。从智力支持视角分析，我们高度认同"智库"的重要性。习近平总书记特别强调智库建设，这关联着各个国家在国际合作和竞争中打造软实力供给的竞争。民间独立智库，也是新供给经济学研究群体的定位，具有现代社会竞争发展、合作、供应进程中的不可替代性。我们研究中的导向既不是"官场规则"，也不是"反对派规则"，而是具有独立、公正、专业的学术严谨性，把握创新中的规范性，力求形成全面、深刻、务实的导向，以战略高度的洞察力对接具备建设性、策略性、可操作性的研究成果。

第四，新供给智库关于"中国2049战略"的研究是各方共同应对时代挑战和中国现代化决定性历史考验的一项认知、交流和催化的基础工作。从"十三五"规划时期开始,"中国2049战略"研究具有"对应、涵盖但不限于"的特点,是把这些时点目标放在自己研究范围之内,再往前衔接,以长期、超前期的视角支持从当下到中长期的科学决策,聚焦进入中等收入阶段、中高收入阶段的最关键时期,是前瞻中华人民共和国成立百年而启动的系统工程式研究。我们内含的命题是如何应对"中等收入陷阱""福利陷阱""转轨陷阱""塔西佗陷阱"等一系列历史性的综合考验。"中等收入陷阱"概念屡屡引起争议,虽然这个概念本身有边界量化的"模糊性",但是我们愿意强调,它是世界范围的一种统计现象的比喻式表述,是无可回避的"真问题",而且对于"中国梦"来说是顶级性质的"真问题"。研究的成果需要与各个方面交流和互动,以期待实现启发、促进功能和决策参考作用。我们愿以基础认识催化全盘思维、要领和重点方案的合理优化。各方面在启发、促进、交流的互动中,共同的努力也就关联了天下苍生、民生社稷、国家前途、民族命运及世界未来。

总之,我们从事这项研究、推出这套丛书的立场,确实是面对时代的客观需要,以智库研究成果与所有愿为中华民族伟大复兴做出贡献的人们互动,力求再接再厉,共同努力做好与"中国梦"相关联的研究和各项工作,以不负伟大的新时代。

贾　康

2018年春

序

人口老龄化是人类社会进入工业社会，特别是后工业社会遇到的现象，表现为全社会人均期望寿命延长、老龄人口在总人口中的比重增加等。导致人口老龄化的主要原因是经济和社会发展水平提升、医疗水平的进步等综合因素的影响。人口老龄化对社会发展带来新的挑战涉及经济和社会发展的方方面面，如老年人退出劳动力队伍后的收入来源如何解决，老年人失能失智后的特殊需要如何满足，等等。一般认为中国将在 21 世纪 50 年代前后达到人口老龄化高峰，这一判断正确，但不准确、不全面，原因在于，21 世纪 50 年代前后达到人口老龄化高位后，并不会发生逆转，而是将长期持续下去。换而言之，我国老龄化高位将持续几十年，形成时间跨度上的老龄化高原。

与其他国家相比，我国人口老龄化呈现如下四个核心特点：规模大，发展速度快，持续时间长，应对任务重。老龄化将成为我国在 21 世纪甚至更长时期面临的严峻挑战，主要体现在以下三个方面：第一，高龄化和失能化趋势将使得劳动收入在老年收入体系中不具有持续发展的可能性；第二，家庭结构不断小型化、核心化，传统的养儿防老和孝道养老可能面临着心有余而力不足的尴尬局面；第三，人口老龄化对发展不均衡的养老金体系的可持续性将形成重大挑战。这些问题都将成为老年人体面养老目标实现的重大阻力。

从国际经验来看，应对老龄化离不开金融的媒介融通作用，金融工具和技术是积极应对人口老龄化的重要方式，也是适应传统养老模式转变、满足群众日益增长的养老需求的必由之路，由此诞生了养老金融这一专门领域。

具体而言，养老金融是一个概念体系，对应的英文是"Ageing Finance"，也可以称为老龄金融，是指为了应对老龄化挑战，围绕着社会成员的各种养老需求所进行的金融活动的总和，包括养老金金融、养老服务金融、养老产业金融三部分内容。其中，养老金的长期可持续发展需要与金融市场紧密结合，国民的养老财富也需要通过金融市场的完善、金融工具和技术的进步实现良好的管理，从而有效挖掘老年人财产性收入的增长潜力；除此之外，养老产业作为适应传统养老模式转变、满足人民日益增长的养老服务需求的重要环节，其建设周期长，资本需求量大，长期稳定的金融支持是养老产业发展的有效保障，"养老产业 + 金融"可能成为整个养老产业发展的助力器和破解养老产业融资难题的突破口。

将养老金融的内涵界定为如上三个方面主要基于以下两点考虑：一是从个体安排老年生活角度讲，社会成员的金融需求不仅仅限于养老金，还包括其他针对老年生活的财富积累和消费，以及相关的实体服务。而上述概念中，养老金金融和养老服务金融直接服务个人养老需求，养老产业金融则是通过养老产业间接满足成员的养老服务需求。二是从社会应对老龄化的全局来看，养老金金融和养老服务金融的目标都是为国民提供养老资产，为实现可持续养老支持体系提供经济基础；养老产业金融的目标则是通过金融支持养老产业的发展，为国民更加体面和完善的养老服务提供保障。可以看出，养老金融正是通过对养老资产积累和对养老产业的支持来应对老龄化的挑战。

从现实发展状况来看，随着我国人口老龄化进程不断加剧，养老金融发展日益受到重视，但总体上仍然处于初期发展阶段，社会对于养老金融的认识还需进一步深化，养老金融市场尚不完善，与国民多层次、多样化的养老需求还有较大差距。总体而言，我国养老金融发展相对滞后，养老金市场规模低于国际平均水平，养老资产管理行业也处于初步发展阶段。此外，由于我国进入老龄化晚于发达国家，养老服务金融与养老产业金融的发展也较为滞后。但是受计划生育等因素影响，我国老龄化速度远远快于其他国家，将很快步入重度老龄化乃至超老龄化阶段。在此背景下，必须全方位重视养老金融的各个方面，促进养老金融事业发展壮大，为我国应对老龄化挑战做好金融支持。

基于此，为总结国内外养老金融演进历程和发展趋势，推动社会各界共同参与，积极探索适应我国国情的养老金融发展道路，丛书编委会设立"中国金融养老之路的战略研究：从'十三五'到2049"这一重大课题。由于金融养老之路覆盖的范围广泛，内涵和外延都十分丰富，养老金金融、养老服务金融和养老产业金融都是金融养老之路中十分重要的课题，本册主要从金融养老之路的其中一个方面，即长钱——养老金金融的角度，阐述在中国人口老龄化快速发展的背景下，如何更好地完善养老金制度体系，在为国民提供更高水平的养老金待遇的基础上，发挥养老金长钱的作用，进一步与资本市场相结合，为资本市场提供长期稳定的长钱，从而推动中国资本市场的发展，以达到养老金积累与资本市场良性互动，为我国在积极应对老龄化的同时，为经济长期高质量发展提供制度性保障。后期我们将继续进一步关注养老服务金融和养老产业金融的研究，以期构建更加完整和系统的养老金融发展战略体系，为中国金融养老之路的发展提供智力支持。

作　者

2019 年 8 月 25 日

目录

第一章 长钱：超老龄社会必然选择 / 001

第一节 养老的牢笼之困 / 001
一、养老金"家底"薄 / 002
二、养老金生态"脆弱" / 004
三、挣破"牢笼"之困 / 005

第二节 银发经济来袭 / 007
一、如何看待银发经济 / 008
二、如何发展银发经济 / 009
三、如何研判养老金改革及发展趋势 / 010

第三节 让养老发展插上金融的翅膀 / 011
一、人口老龄化既是挑战也是机遇 / 011
二、"金融＋养老"成为不二选择 / 012
三、发展养老金融的意义与作用 / 013

第二章 长钱来源 / 016

第一节 超老龄社会的破题钥匙 / 016
一、二孩政策不能从根本上解决老龄化问题 / 017
二、养老金融作用越来越凸显 / 022
三、养老金融可能是资产管理行业的下一个风口 / 024

第二节 社保可持续发展的动力所在 / 025
一、养老金可持续问题 / 025

二、第一支柱是养老金融主体首选 / 027

三、第二支柱促使养老金融深化 / 029

四、第三支柱是养老金融的重要补充 / 031

第三节　大养老金融的新思维 / 033

一、以养老金融冲破老龄化重重阻隔 / 033

二、我国养老金融的现在与未来 / 035

三、从大局出发备战养老金融 / 037

第三章　长钱的形成 / 040

第一节　变"藏钱"为"长钱"：养老金融服务 / 040

一、养老资产"成员" / 041

二、多维视角下的养老资产 / 043

三、养老基金投资策略 / 050

第二节　用"长钱"去杠杆 / 053

一、第三支柱发展失衡 / 054

二、税收提前优惠是第三支柱发展最大动力 / 057

三、养老金资产是中国去杠杆的主要驱动力 / 059

第三节　个税改革打通第三支柱养老发展之路 / 060

一、个税是个人养老金发展的动力 / 061

二、个税存在的问题及其改革的总体思路 / 062

三、个税改革助力养老第三支柱发展 / 066

第四章　长钱的保值增值 / 068

第一节　美国养老金入市的"点金之术" / 068

一、养老金市场化运营是实现保值增值的可行途径 / 069

二、美国养老金投资运营实践经验 / 070

三、美国养老金入市对于中国养老金资本运营的启示 / 072

四、加强资本市场建设，为养老金入市创造积极条件 / 075

第二节　美国个人退休账户（IRA）漫谈 / 077

一、个人退休账户可减税的缴费额 / 079

二、个人退休账户的要求 / 082
　　三、个人退休账户拥有者去世后账户缴费额的支付 / 084
　　四、个人退休年金的要求 / 085
第三节　IRA 是美国私人养老金计划的"收容所" / 090
　　一、IRA 并非美国最大的一种养老金计划 / 091
　　二、美国 IRA 并非纯正的第三支柱 / 093
　　三、美国 IRA 并不是十分普及的个人退休储蓄工具 / 094
第四节　中美员工持股计划对比写照 / 096
　　一、美国员工持股计划产生的背景及发展现状 / 096
　　二、美国员工持股计划多样的管理方式 / 097
　　三、美国员工持股计划的税收优惠政策 / 099
　　四、美国员工持股计划的意义和积极作用 / 101
　　五、中国员工持股计划产生的背景和现状 / 102
　　六、中美员工持股计划的比较分析及建议 / 105
第五节　基金是个人养老金账户最佳配置工具 / 107
　　一、成熟的资管行业是"第三支柱"的发展基础 / 107
　　二、基金是最佳配置工具 / 108
　　三、配套制度改革要跟上 / 109

第五章　长钱的经济社会作用 / 111

第一节　"乐龄式"养老探秘 / 111
　　一、为什么说从长远看，养老金体系面临着挑战 / 111
　　二、我国养老金体系遇到的问题是什么 / 112
　　三、为什么会出现这样长期的养老资金压力 / 113
第二节　射向养老的三支箭 / 115
　　一、三支柱养老金体系具有应对人口老龄化的显著优势 / 116
　　二、我国三支柱养老金体系发展不均衡 / 117
　　三、我国三支柱养老金体系的重构与完善 / 119

第六章　养老金与资本市场 / 123

第一节　养老金融缘何发展不畅 / 123
一、未富先老 / 124
二、社会中介组织缺乏 / 125
三、政策整合欠缺 / 126

第二节　养老金融发展路在何方 / 127
一、发展养老金融意义所在 / 127
二、金融支持养老服务业的发展有三大抓手 / 129
三、养老金融发展不能墨守成规，需要创新 / 129
四、从供给侧发力发展养老金融 / 130

第三节　养老金入市成为养老金融发展"动力源" / 131
一、第一支柱基本养老保险基金如何入市 / 132
二、第二支柱养老金投资资本市场促使养老金融深化 / 133
三、强制性职业年金制度促进养老金融发展 / 135
四、养老金与银行、证券、保险、信托全面融合 / 137

第四节　养老金入市贵在"拨云见日" / 139
一、30%比例高不高 / 139
二、哪些资金能用 / 140
三、何种监管算严密 / 142
四、法律缺失怎么补 / 143

第五节　商业养老保险打破"无人问津" / 144
一、商业养老保险严重缺位 / 145
二、商业养老保险制度设计与实施的关键 / 147
三、税收政策调整与商业养老保险发展 / 150
四、商业养老保险是保障国民福祉的社会基础设施 / 154
五、商业养老保险是资本市场的"压舱石" / 156
六、商业养老保险发展之路 / 158

第一章

长钱：超老龄社会必然选择

第一节 养老的牢笼之困

养老金与广大民众息息相关，是国民养老保障的物质基础和战略储备。若一国养老金储备充分，那么民众自然底气较足，拥有更多安全感，很容易就会形成消费自信、创业自信、投资自信。相应的，如果一国养老金储备不充分，那么民众心理恐慌，自然要多留家底，这就可能给民众消费、创业和投资行为带来较多负面影响。与此同时，一个完整的养老金生态链，也是养老金储备投资、保值增值及可持续发展的重要保证和制度基础。目前，我国养老金体系面临两大困境：一方面是养老金"家底"薄；另一方面是养老金生态比较"脆弱"。我们必须找准病因，对症下药，为供给侧结构性改革助力。

一、养老金"家底"薄

按照国际惯例,衡量一国养老金储备的充足性主要有两个指标:一是养老金总储备占 GDP 比重;二是养老金收支缺口(潜在缺口或动态缺口)。目前,我国养老金储备主要由三部分组成:一是由中央政府直接掌管的全国社会保障基金,这是我国应对人口老龄化的战略储备;二是由地方政府直接掌管的社会养老保险基金;三是由雇主发起设立的企业年金和职业年金。如果说,第一部分、第二部分基金的总结余,便是公共养老金储备,它属于第一支柱。那么,企业年金和职业年金积累总资产,则是私人养老金储备,它属于第二支柱。从统计可行性来讲,我们一般所说的"养老金储备"通常是指第一支柱、第二支柱的总和,它们是制度化、规范化的养老金储备形式,易于统计与比较。

截至 2017 年年底,全国社会保障基金结余 2.22 万亿元,社会养老保险基金结余 5.02 万亿元,企业年金和职业年金总结余 1.29 万亿元。相比之下,公共养老金总储备约 7 万亿元,而企业年金和职业年金总储备却仅约 1 万亿元。将二者相加,我国养老金总储备不足 9 万亿元。相比欧美等国而言,很显然,我国目前养老金储备水平严重偏低。

以美国为例,截至 2017 年年底,美国社会养老保险(OASDI)基金总结余为 2.85 万亿美元,全美私人养老金(相当于我国的企业年金和职业年金)总资产为 28.2 万亿美元。相比之下,近年来,美国社会养老保险基金储备一直维持在 2 万多亿美元,并无太大规模增长,但美国私人养老金储备早已超过美国当年 GDP,并且仍在快速增长之中。由此可见,美国养老金储备主要依赖第二支柱,而我国养老金储备则主要依赖第一支柱。

截至 2017 年年底,全球养老金储备占 GDP 平均比重为 67%(根据加权平均方法计算),其中,养老金储备比重较高的国家,除美国外,还包括荷兰(194%)、澳大利亚(138%)、瑞士(133%)、英国(121%)、加拿大(108%)等。即便是发展中国家，它们的养老金储备水平也远高于我国。例如，马来西亚为 73%、南非为 75%，而我国企业年金及职业年金占 GDP 比重仅为 1.4%。

一般来说，公共养老金制度基本定位是广覆盖、保基本，主要体现社会公平与底线保障原则。无论是欧美发达国家的现收现付制，还是我国现行统账结合的部分积累制，其社会统筹账户平衡都是由国家财政兜底买单。公共养老金储备只要满足近年养老金支付需要，并拥有一定规模结余就可以了。因此，公共养老金储备达到一定规模积累后，并不需要太快增长。相反，私人养老金是公共养老金的重要补充，也是养老保障的必要组成部分。私人养老金一方面可以分担国家财政养老支付负担，另一方面也是雇主对雇员养老所承担的社会责任。如果说，公共养老金储备主要强调公平、均贫富，那么私人养老金储备主要强调效率、激励作用。因此，私人养老金储备水平应该有更大提升空间。

事实上，我国两个支柱的养老金体系构建历史并不长，但公共养老金储备的历史欠账和动态缺口比较大。目前，我国公共养老金储备至少存在两次转制成本或历史欠账：第一次是 1997 年国务院颁布《关于建立统一的企业职工基本养老保险制度的决定》，标志着我国社会养老保险制度正式创建，凡是在本决定实施前参加工作、实施后退休的人，均称为"中人"，对中人以前没有缴费的工龄均视作"缴费年限"。这批"中人"究竟有多少，一种说法是 6000 万人，另一种说法是 8000 万人。第二次是 2015 年 1 月国务院颁布《关于机关事业单位工作人员养老保险制度改革的决定》，规定从 2014 年 10 月 1 日起，机关事业单位建立与企业职工相同的单位和个人养老保险缴费制度。凡在 2014 年 10 月 1 日前参加工作、此后退休的人，称为"中人"，同样，对"中人"以前没有缴费的工龄视作"缴费年限"，这批"中人"约为 4000 万人。

上述两次社会养老保险制度改革带来的转制成本或历史欠账，也就是"中人"视同缴费的年限，超过一亿"中人"应计缴费是多少，最终由谁来买单？当然，从理论上讲，应由国家财政统一买单，但在现实操作中，我们直接动用了个人账户的资金来抵补社会统筹账户的支付缺口，这正是个人账户"空账运行"的主要原因。因此，转制成本导致的历史欠账，以及做实个人账户的未来欠账，共同构成公共养老金储备的潜在缺口或动态缺口，最终摊薄养老金"家底"，导致养老金储备严重不足。

二、养老金生态"脆弱"

养老金生态应该是一个完整"生物链"，从养老金的缴存到托管、投资、保值、增值、提取等，环环相扣，只要有一个环节出问题，就会影响其他环节作用的发挥。如果养老金生态良好，就能够产生诸多正面效应和作用。

以美国为例，美国养老保障体系号称是"三条腿的板凳"，作为第一支柱的公共养老金替代率约为40%，这为第二支柱——私人养老金发展留下足够制度空间。与此同时，美国社会养老保险制度是从1937年1月1日开始运行，并没涉及"老人"和"中人"的制度设计，也就不存在转制成本所带来的历史欠账，而且从一开始它就实现以税代费、全国统筹，由中央统收统支统管，尤其是自1983年美国社会养老保险从传统现收现付转向"储备式"现收现付后，更加使得美国公共养老金储备稳定而安全，基本上没有太大后顾之忧。

与此同时，美国私人养老金计划覆盖面广，其总储备规模相当于公共养老金的8倍之多，不仅远远超过美国GDP，而且逼近美国股票总市值，成为美国资本市场稳健发展的重要支撑。2017年年底，作为美国资本市场最重要的机构投资者，公募基金净资产高达24.9万亿美元，其中一半被私人养老金直接持有，这是私人养老金对美国公募基金的重大贡献。此外，私人养老金还有相当部分投资在债券、股票、货币市场工具等方面，这对美国资本市场的发展也是功不可没的。正因如此，私人养老金及公募基金不仅成为美股"机构市"的中流砥柱，而且也成为资本市场长期投资、组合投资的主力军，这一切正是美股"慢牛短熊"的市场基础。由此可见，私人养老金为美国资本市场提供了强大的发展动力，反过来，完善的多层次资本市场又为美国私人养老金提供保值增值的重要平台。这是一个养老金与资本市场相互依存、相互促进、良性互动的双赢格局。

相比之下，我国养老金生态"脆弱"，主要表现在以下几个方面：一是我国社会养老保险参保覆盖、实际缴费还存在较大的制度"漏损"，尤其是弱势劳工还无法纳入，而且我国社会养老保险给付替代率仍高达60%，不仅财政压力大，而且还挤压私人养老金的互补与发展空间。二是20多年以来，我国企业年金制度仅覆盖少数央企、金融企业及一些上市公司，整体规模狭小，发展严重滞后。这是导致我国养老金储备低下的最主要的原因。三是由于我国私人养老金储备规模小，很难为资本市场提供有足够力量的机构投资者和长期的资金支撑，因此我国股市仍是一个典型的"散户市"，牛市一哄而上，"疯牛"一步到位；熊市一哄而散，"熊途"漫漫无期。这种市场格局导致养老金的组合投资与长期投资变得无所适从，加大保值增值风险的同时增加了更多困难。因此，在养老金储备缺乏规模效应，以及养老金生态仍很"脆弱"的情况下，养老金与资本市场还难以形成良性互动的双赢格局。

实际上，公共养老金储备主要是满足"现收现付"平衡需要，很难为资本市场提供稳定、长期、足额的结余资金。反观企业年金和职业年金是相对封闭的终身积累，结余资金规模大、周期长，更适合资本市场投资需要。因此，从长远看，要想形成养老金储备与资本市场良性互动效应，还必须大力发展企业年金和职业年金。只有做大私人养老金储备规模，才能有助于改善养老金生态，并为资本市场提供足够的长期资金支持。

三、挣破"牢笼"之困

养老保障是最大的民生工程，也是一个长期工程和系统工程。美国私人养老金历经 100 多年发展，才有今天世界上规模最大的养老金储备，而它的社会养老保险制度也有了 80 多年的历史。相比之下，我国养老金体制的建立还只有短短 20 多年时间，因此我们还有很远的路要走下去。

今天，我国已成为世界第二大经济体，并将经济蛋糕做大了，现在需要找到更好的蛋糕切分办法，中央提出通过供给侧结构性改革，实施经济转型、产业升级，进一步加速民生工程及社会公共服务设施建设，提高经济增长质量，提升人民生活的安全感和幸福指数。而加强养老保障体系建设就是其中的一项重点工程。

我国养老保障体系改革，首要任务就是要进行制度整合，一方面是公共养老金与私人养老金之间的制度整合，另一方面则是补充养老保障之间的制度整合。公共养老金与私人养老金之间的制度整合，就是要适度调低公共养老金给付替代率，相应地，就要大幅提高私人养老金给付替代率。目前，国务院正在全国范围内下调社会养老保险缴费比率，从长远来看，这是降低公共养老金给付替代率的一个制度准备。现在降低社会养老保险缴费，将来也应相应降低其替代率。例如，我们可以逐步将雇主缴费调低至 12%，同时将雇员缴费仍维持在 8%，双边缴费合计为 20%，这与现行灵活就业人员的缴费总负担是一致的。这样就可以为雇主创建企业年金和职业年金留下制度空间，同时也有利于将社保的名义费率降下来，让它更"接地气"，并将覆盖面和参保率真正做实到位。

补充养老保障之间的制度整合，就是要"三金合一"，简化补充养老保障制度，做大、做强私人养老金。目前，我国有三个补充养老保障制度并行，这就是住房公积金、企业年金和职业年金。其中，住房公积金具有住房保障及养老保障的双重功能，而企业年金与职业年金则是同一个东西（补充养老）的两个名称、两个制度。因此，为了减轻雇主负担，简化福利制度，提升私人养老金储备水平，我国有必要将三个补充养老保障制度合并为一个统一名称的私人养老金制度形式。这将更有利于提升私人养老金的社会地位及作用。

此外，进一步完善多层次资本市场，加速中国股市的市场化、法治化改革，是优化养老金生态的重要一环。只有稳健、规范、完善的多层次资本市场，才能为庞大的养老金储备提供保值增值、安全托管的重要通道。据此，我国公募基金至少还应该扩容 10 倍。这既是机构投资者群体培育的需要，也是养老金组合投资的需要。与此同时，A 股 IPO 注册制改革将是市场化、法治化精神的最集中体现。只有注册制能够解决 IPO 的高成本和低效率，以及由此而形成的"堰塞湖"；只有注册制能够终结"垃圾股死不退市"的尴尬，让垃圾股的壳资源分文不值，并让垃圾股的价格向地板回归。这是一个可以期待的改革效果，也是 A 股市场走向成熟的成人礼。它将为 A 股"慢牛短熊"的运行格局，以及养老金与资本市场的良性互动打下坚实的制度基础。

第二节 银发经济来袭

我们说人口老龄化并非社会老化，而健康长寿意味着社会稳定和经济发达。其实，随着人口老龄化越来越严重，一个社会继农业经济、工业经济之后，正在进入信息经济下的健康管理。农耕经济要解决吃饭，人均寿命大约就是四五十岁；工业经济人均寿命到了七八十岁；信息经济是分享经济，带来健康产业革命，这是继农业、工业之后的健康产业革命问题。最发达的学科是生命科学，它预示人的寿命完全可以达到一百岁，因此人都有健康长寿的愿望。人希望长寿，更希望健康，这是一个事物发展，而非落后的事情。但是，我们目前应该基于人口老龄化的需求和约束条件，组织生产、分配、流通和消费的活动，代际平衡，平衡才能发展，这是基本道理。那么，代际之间怎么平衡呢？其实，我们还是要从生产、分配、流通、消费及供求关系着手。

一、如何看待银发经济

目前，我们要进入信息经济、分享经济这样一个健康产业革命的第三个财富波，是人类第三大财富波。这与工业革命 1.0、2.0、3.0、4.0 版有什么区别呢？有什么关系呢？伴随人的健康长寿，社会进入老龄化，经济进入银发经济，彰显出几大社会特征。

一是工业革命 2.0、3.0、4.0 更突出技术进步，忽略人文。而现在这个时代是将技术进步和人文进步并重的，人们追求健康长寿，而健康长寿促使信息经济和健康产业发展。从产业上看，现在最发达的科学是生命科学，随着生命科学的发展，科学领域在技术方面发生了很大变化，比如出现对基因的研究。生命科学会告诉大家怎样做才能健康，健康之后才能长寿，这就是技术进步和人文进步的并重。

二是经济速度和经济质量的并重。我们按照老龄化的时间表，对比那些深度和超级老龄社会的国家，诸如 OECD（经济合作与发展组织）主要成员国等，发现其进入老龄社会以后，国家 GDP 都在 3% 以下。值得注意的是，日本进入超级老龄社会后的 GDP 成为负数，但是它的企业创新能力仍然居世界第一。反观德国，在欧盟的大力支撑下，还能够维持 5% 的 GDP 水平。然而，GDP 是一个经济总量，但不是衡量经济的唯一标准，更不是目标，只是一个总量的衡量。

三是就业开源，福祉改善。英国在进入深度老龄社会后就把社会保障部取消了，并创立了劳动与养老金部，这就解决了一个扁担的两头，两代人的平衡。我国还缺少关于养老的国民教育，精算平衡是大家都要面临的问题，如果处理得好，养老问题就没有那么复杂了。所以，这个时代要就业开源、福祉改善。

四是社会参与和政府主导并重。在人口老龄化导致的"4-2-1"家族结构越来越明显的情况下，传统的家庭养老模式面临着越来越多的挑战，因此除了家庭成员的作用之外，还应积极发挥政府和社会力量的作用。一方面，政府可以通过公共服务、养老基础设施及相关的扶持政策为老年人需求的满足提供支持；另一方面，企业可以在政府的支持政策下，根据不同群体的需求，采取营利性或非营利性的不同策略推进养老产业发展。这样，不仅有利于老年人养老需求的满足，也可以减轻政府的财政支出压力，还可以创造新就业机会，同时，对企业而言，有利于其转型发展和提高竞争力。

五是家庭计划跟国家人口规划并重。人们开始重视国家的人口结构问题，使家庭的收益结构跟国家人口结构相匹配，这样社会才能和谐发展，促使社会文化从最根本上发展变化。养儿防老的文化变了，养老方式变了，每个人都学会了众生自立，使家庭计划与家庭社会养老、医养并重。

二、如何发展银发经济

应对人口老龄化的发展战略是改善老龄人口的资产结构，这就是我们说的养老金融的问题，但不能等到人老了再改资产结构，而应该注重人一生的财富周期，改善老龄人口的资产结构，提高购买力，消费拉动经济。

资产结构按照国际标准可以划分为老年转移支付、劳动经营收入、财产收入和资本利得等。中国现在的老年人资产结构，从2010年的第六次人口普查来看不容乐观：多数老年人靠儿女养，有些老年人靠劳动获得收入。有的农村老人有宅基地，城镇退休职工有福利房，这些如何最大化变现利用，是中国直接走出未富先老的唯一之路。

老龄人口消费能力也是非常关键的。美国10~30岁的人平均每年花的钱很少很有限，真正谁在花钱呢？美国是30~65岁年龄阶段的人在花钱。也就是说，美国劳动人口在向自己投资，30~65岁的劳动人口在投资，买知识、买健康、买养老。而德国、日本、瑞典是50~85岁年龄阶段的人在花钱。从老年经济学看也是，老年人消费能力比年轻人强。在西方，老年人从早吃到晚，既有时间，又有钱；年轻人吃一份快餐就走了，这是超级老龄社会的消费状况。

2010年人口统计结果显示，中国的第一个消费高峰是12~13岁，第二个消费高峰是 30 岁左右，劳动人口一直消费在一个非常低的水平。老年人消费水平越来越低，而人却越来越多，促使养老服务业加速发展。

《老龄社会与养老保障发展报告》中提到了三个指数发展趋势：银色经济指数一直在下降；养老金指数一直在下降；赡养指数是降得最快的一个指数，它从一开始就比较低，只有 0.3 左右。这与我国大多数家庭赡养能力不足和老年人自己的积累不足有关。

三、如何研判养老金改革及发展趋势

就国际方面而言，第一个是国家在进入老龄社会阶段，OECD 成员国主要在 1950—1975 年实现了基础养老金全覆盖，老百姓对老年才没有后顾之忧，达到保基本目标。第二个是进入深度老龄社会，65 岁以上的人数占到全国人口的 7%，就说明这个国家进入了老龄化社会，这时会出现一个代际边际：如果这个国家每年的出生率为 1.8%~2.0%，那么劳动人口与老年人口的比例就是 10∶1，减掉 2~3 个孩子，再减掉失业人数，10 个劳动人口中就必须有 7 个是在职状态，就业参与率必须达到 70%，这是一个正常的标准，其他 3 个人处于念书和失业状态，如果把念书时间延长，失业又超标，低收入人群不能缴费，实际上赡养问题就很严重了。国际劳动组织一开始认为养老金替代率应该在 45%，后来调到 55%，我们就以 50% 来看，如果劳动人口与老年人口之比为 5∶1，就说明养老金的费率至少是 10%，5 个人养 1 个人。如果缴费率再涨，年轻人生育意愿下降，这个时候政府要非常关注代际的关系。

OECD 国家现在基础养老金的费率替代率在 30% 左右，想要保证养老金充足率怎么办？这就要强化个人养老金积累，最为关键的措施就是促进人们就业。先说就业，再说养老金，而且从这个时候开始，给每个人都有精算平衡模型，你这辈子按照平均预期寿命，你工作多少年，养老多少年，以至于所有人都知道自己缴费几年，最后能拿到多少养老金。那么，怎样才能增加个人养老金积累呢？美国做了职业年金，而且是现在养老做得最好的。

所以，我们也要建立个人养老金，用什么方式呢？这应该用个人账户方式，即都给记到个人账户里面去。这个个人养老金，或者叫个人账户养老金，不仅能在股票市场投资，还有多种配臵方式。总之，我们要鼓励个人自己攒"黄油"，否则没有一个良好的结构，不过这一关，深度老龄社会阶段就走不过去。就中国国情而言，中国养老金改革主要有三个重点：一是完善养老金结构。基础养老金一定要中央统筹，明确参照系数是什么，明确在参照系数下基础养老金保障应该是多少；二是深化供给侧改革，实现诸如首住房和医养一体化等目标；三是大力发展养老金融，尊重个人生命周期配臵资产。

第三节　让养老发展插上金融的翅膀

中国社会在人口结构上面是比较典型的"未富先老"，人均国民收入进入中等收入，但是人口老龄化程度已经直逼发达经济体，并且未来一段时间内，中国将进入超老龄社会。随着人民群众生活水平的提高，养生、养老需求的增长带有超常规性质。我们可以看到目前养老方面的供给不足已经比较严重，比如北京市财政支持的、口碑很好的第一社会福利院前几年是面向社会、可以接纳老人养老的。现在，该福利院如果放开登记，大概要排队几十年。

一、人口老龄化既是挑战也是机遇

当前，我们已经进入了人口老龄化社会，退休人员将逐步增多，这也意味着我们过去依赖的人口红利基本上结束了，劳动力人口总量会下降，甚至可能会出现某种意义上的短缺，经济发展已经难以再靠传统的低成本劳动力，而且我们的人力成本还在大幅度提高。与此同时，我国的养老产业也面临着相应的压力。

养老领域严重的供给短缺，也是不同层次上的普遍感受，从最低端的，包括农村区域要解决的五保性质的养老对象的养老需求的满足，到高端、富裕阶层的社会成员的养老需求都存在着问题。养老产业处理得好是中国经济发展需求释放、潜力释放得到供给回应的引擎，处理得不好将使整个社会生活受到拖累，如果不能够顺应发展就可能产生不和谐的因素，造成社会生活矛盾的累积，对我们的现代化发展产生拖累。因此，人口老龄化又是一个重大的战略发展机遇。

随着人口年龄结构的变化，大量的中年人将进入老年，进而产生多种多样的养老需求。这些需求给我国养老产业、养老服务业等相关行业的发展又带来新的机遇。《关于金融支持养老服务业加快发展的指导意见》中提到，金融机构传统业务和发展模式面临挑战，金融业进入转型升级的重要发展阶段，加大金融支持力度，有效满足迅速增长的养老服务业发展和居民养老领域金融服务需求，是增加资本市场中长期资金供给，促进金融市场发展和金融结构优化的重要手段，是金融机构拓展新业务的重要机遇，是金融业转型升级的重要途径。

二、"金融＋养老"成为不二选择

我国要积极应对老龄化，将养老和金融综合考虑，让养老发展插上金融的翅膀，把现代金融体系中积极、有效供给的因素匹配进去，使养老的供给具有多样化的特征。养老多样化的趋向非常明显，我们过去已经有一定认知的机构养老多样化表现在低端、中端、高端的充分多样化发展上。与之并行的还有现在要积极探索的、有一定国际经验、在中国能够借鉴的、在中国本土上发展成功的居家养老及各种形态的园区养老模式，未来可能还有一些对应种种过渡形式或者中间混合形态的养老模式。

在金融方面，除了过去所理解的间接金融的支持，还有直接金融的参与，还有现在金融创新产品多样化发展过程中的匹配。几年前我们注意到，中国的地方政府和保险机构在一起复制美国"太阳城"把保险产品对接养老园区的模式，在武汉的旁边已经做了中国养老园区的建设和初步运营。现在"养老＋金融"多样化发展过程中显然还要对接另外一些"互联网＋"的互联网金融，以及人们特别看重的"普惠金融""绿色金融"等。过去改革过程中，金融发展碰到各种各样的困难、挑战，都在养老金融下以不同的方式再次遇到，我们必须应对各种多样化的挑战。

当然，养老发展要插上金融的翅膀就必须强调创新。引领新常态、创新驱动。现代发展理念最后归结到创新发展，养老金融这个概念必须紧紧抓住创新，而创新必须汇入供给侧结构性改革。养老金融在供给体系质量和效益提高的命题之下，从制度入手：中国的养老体系必须做好三个支柱——完善制度建设，调动潜力和活力，调动社会方方面面的积极性；在养老、养生园区建设等方面，一定要对接政府和社会资本、合作PPP等创新机制。

目前，我国已成为全球老龄人口最多的国家，预计将于2020年后逐步迈入重度老龄化社会，在跨越"中等收入陷阱"和全面建成小康社会的大背景下，加快发展养老产业，已成为我国深入推进经济结构调整，切实改善民生福祉的客观要求和重要支撑。而养老金融作为支持产业发展的重要一环，面临着新的发展机遇，未来的发展空间巨大。但与发达国家相比，我国养老产业发展水平还比较低，与之配套的金融服务相对滞后，急需根据中央的有关部署，借鉴发达国家的经验做法，结合中国国情，加快养老金融创新，促进改善民生福祉。

三、发展养老金融的意义与作用

近年来，党中央、国务院高度重视养老金融的发展，并陆续出台了多项相关的政策法规，2016年2月23日习近平总书记对加强老龄工作做出了重要的指示，他强调"有效应对我国人口老龄化，事关国家发展全局，事关亿万百姓福祉。要立足当前、着眼长远，加强顶层设计，完善生育、就业、养老等重大政策和制度，做到及时应对、科学应对、综合应对"，李克强批示围绕科学应对人口老龄化问题，结合"十三五"，提出相关政策建议，注重可操作性。中国正处在"未富先老"的压力下，超老龄化社会即将到来。在这个问题导向之下，养老体系的构建是社会生活迫切需要的有效供给。我们应该从以下三方面考虑养老金融的意义和作用。

第一，养老金融需要支持"问题导向"之下我国养老体系的多种模式和产品的有效供给。显然，中国正在"未富先老"的压力下接近超老龄化社会，在这个"问题导向"之下，养老体系的构建是一个社会生活迫切需要的有效供给。养老供给的方方面面是多样性的，我们要在构造有效供给的同时，争取形成中国在经济社会发展中的后发优势。全世界都在探索养老模式，我国在这方面起步比较晚，但是我们要争取做得更好一些。现在看来，传统的机构养老要做多层次的划分，从低端到中端、中高端和高端一样不能少。我们的社区养老、居家养老、临终关怀、养老园区等，各种供给形式的产品与服务的提供要有效，而且要得到养老金融的支持。

第二，养老金融需要实现守正出奇的创新，使有效市场与有为、有限政府相结合。创新是中国共产党第十八届五中全会条理化表述的现代发展理念的第一条，养老金融所要支持的有效供给，需要制度创新、管理创新与技术创新的结合互动。在形成的制度安排和机制连接方面，应当"守正出奇"。"守正"就是尊重和敬畏市场规律，中国在邓小平"三步走"的战略框架下，认同人类社会发展的潮流，才可以解放生产力、接近中国梦，才可能实现中华民族伟大复兴。但是在认识尊重市场规律的同时，我们又不能简单照搬其他市场经济体已有的经验和我们自己过去已有的经验，必须坚定不移地针对我国自己的特定情况，在特定约束条件下努力创新，有所作为，把有效市场和有为政府的作用发挥好。

第三，养老金融需要各界各方面的共同努力，集思广益，纳入供给侧结构性改革的系统工程。中央所特别强调的供给侧结构性改革要落到整个供给体系质量和效率的提高上，是决策层谋定后动的结果，并不是忽然想到的。我们近年一直在从事研究的供给侧改革，是要在继往开来的基本认识上，进一步考虑从短期到中长期的衔接，要以一个系统工程式的框架把握中国所强调的改革攻坚和供给体系质量、效率的提高。不能简单地以为搬用国外已有的以供给学派减税为主的经验，就可以把中国的问题比较好地解决。我们所面临的挑战比别的经济体严峻得多，我们要处理的问题需要按照系统工程、作为长期问题来把握。养老金融所要发挥的作用，必须从全局考虑、集思广益、调动全社会的智慧，按照现代国家治理的核心理念，把政府和非政府的主体、多元主体充分互动的机制把握好。民间的智慧、潜力的释放，是应该特别看重的。

第二章

长钱来源

第一节 超老龄社会的破题钥匙

超老龄社会是指年龄超过 80 岁以上的老年人人口比例达到或超过 5%。这是一个全球现象，日本、韩国、德国、法国等国已经进入超老龄社会。根据有关研究结果显示，2035 年左右，中国将会进入超老龄社会，届时将面临八方面挑战：经济增速下降、资产价格大幅波动、银发贫困普遍、社区养老成为主流、养老金缺口的巨大压力、医保缺口长期存在、延迟退休和老年就业成为普遍现象及老人的社会关爱缺乏。随着人口老龄化的加速，暴露出来的社会问题也日益明显，对应的直接问题是现行人口结构是否合理，养老保障是否可行，城乡养老结构是否科学，家庭养老和社会养老该如何调剂，老年人自身权益如何维护，等等。这些问题牵动着中国社会最敏感的神经，如与人口结构直接关联的是计生政策，与养老保障直接关联的是养老金分配和管理等，人口老龄化是经济新常态下不容忽视的重要背景，给社会经济发展带来了巨大的影响。

一、二孩政策不能从根本上解决老龄化问题

根据著名经济学家 Becker 早在 20 世纪 80 年代的研究，作为市场最基本的经济单位之一，家庭行为的改变将对宏观经济运行产生长远而深刻的影响。他认为，家庭行为是宏观经济运行中的内生变量而非外生变量，其对经济发展起着很大的作用，同时经济演进也在很大程度上改变了家庭的结构与决策。基于新家庭经济学理论，家庭作为最基本的经济和社会单位的功能之一就是生儿育女并完成子女早期的人力资本投资。

基于此，中国开始实施"全面放开二孩"政策，以此来应对中国人口结构形势发生的历史性转变、老龄化社会和人口红利的消失等问题。其中，我国当前生育率过低是亟须直面的问题。2014 年，我国开始实行单独二孩政策，之所以没有全面放开，是因为当时预测"全面二孩"将会出现生育高峰。但从最终结果看，2014 年全年出生人口总量在 1687 万人，较 2013 年多出生了 47 万人，比预想少了很多，并未达到原来的预测。国家统计局最新公布数据显示，我国 2018 年出生人口为 1523 万人，新增人口比 2017 年减少了 200 万人，与预期更是相去甚远。放开"单独二孩"远不如当初预想的情况好，推出"全面二孩"的结果也不容乐观。

首先，2017 年我国育龄妇女在 2016 年以后比上一年减少了 500 万人，其中 20～29 岁生育旺盛期育龄妇女数量减少了约 150 万人，而 45 岁以上的妇女再生概率低于 10%。此外，还要加上不孕不育等病症、因为剖宫产而导致的二胎生育风险极高的"疤痕妈妈"、生育意愿本身就不强或者已经合法育有二孩的妇女人数需要从育龄妇女总人数中减去，这样剩余的育龄妇女人数并不可观。可以说，中华民族的伟大母亲正在减少。2014—2017 年中国不同年龄女性人口分布如图 2-1 所示。

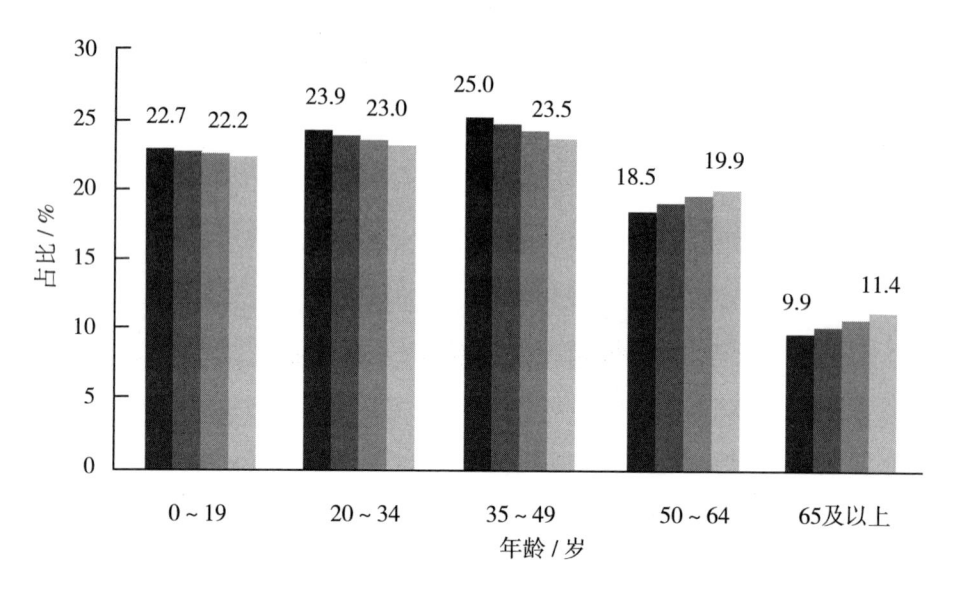

图 2-1 2014—2017 年中国不同年龄女性人口分布

其次，新增人口数在减少。经验数据表明，我国育龄妇女生二孩的意愿在 60%～70%，可能有的人还要面临重重压力，想生也不一定能生得了。举个简单的例子，作为家庭的一项重大决策，购房将在很长一段时期内影响家庭的其他决策，而生育决策即为其中被影响的主要决策之一。房价对生育的作用机制涉及新家庭学模型中标准的收入效应和替代效应。一是房价的上升降低了家庭在其他消费上的可支配收入，因此对生育需求产生了负的收入效应。这是因为新家庭经济学中假定小孩为正常品，那么负的收入效应就会降低对生育的需求。二是小孩越多需要的住房面积也越大，因此房价直接进入了生育的影子价格，房价上升对生育产生了负的补偿性替代效应，从而强化了纯粹的收入效应。也就是说，高房价有可能会导致低生育率。排除这些消极的因素之后，中国现在 9000 万育龄妇女中大概只有 1000 万有积极的生育意愿，而这些生育意愿经过逐年的缓慢释放，新增人口将会逐年下降，我国人口出生率在 2018 年持续走低。2007—2018 年中国新出生人口数如图 2-2 所示。

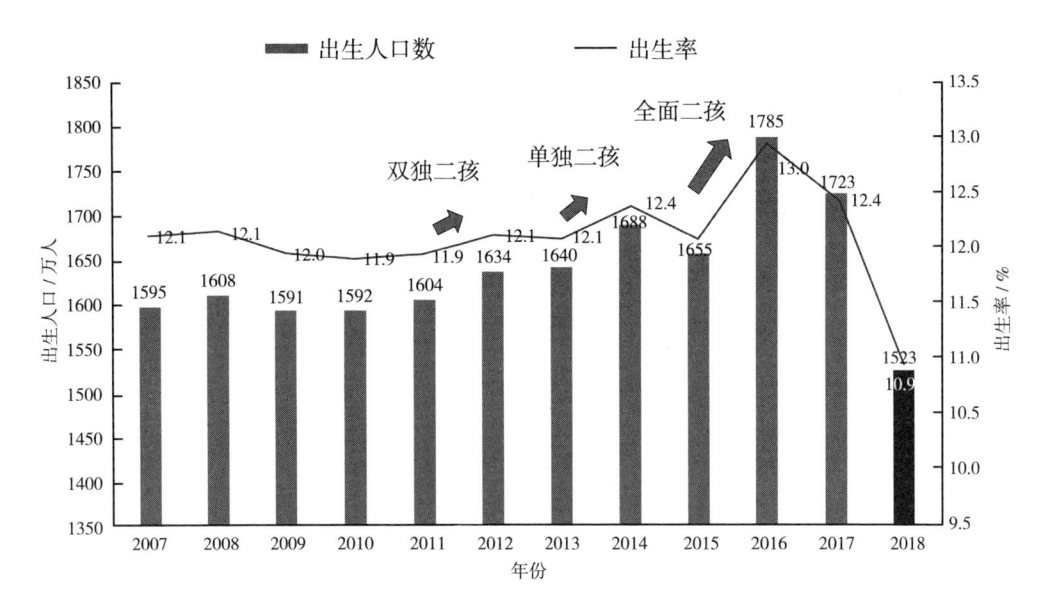

图 2-2 2007—2018 年中国新出生人口数

再次，从国际经验来看，生育率下降也是一个全球现象。随着 19 世纪、20 世纪人均收入的不断提高，生育率在欧美国家和亚洲的日本均出现了长期下降的趋势。更引人瞩目的是，随着亚洲"四小龙"的经济起飞，其生育率在短短 30~50 年内以更为剧烈的速度下降，幅度高达 70%~80%。这种与工业化过程相伴随的人口结构的转变已经被不断证实。包括发展水平落后于中国将近 20 年的印度，其生育率也从 1980 年的 4.7% 下降到 2017 年的 1.63%。根据某基金公司通过大数据调研方式获取的研究结果，再次确认了中国第六次人口普查的总和生育率为 1.28%，处在非常低的水平。以日本为例，日本通过十几年鼓励生育政策，将总和生育率水平逐步提升并稳定到了 1.4% 左右，可见我国目前的总和生育率水平太低。按照中国养老金融 50 人论坛宏观模型的测算，如果全部放开二孩将会提高综合生育率，会为经济增长提高 0.2 个百分点，对于将来进入新常态、低增长期的中国经济，这 0.2 个百分点的增长速度是弥足珍贵的。所以，我们要把十八届五中全会的红利落实到位。此外，从日本和韩国的经验来看，当年日、韩从放开人口生育到鼓励生育中间间隔了10年，也付出了很大的代价，鼓励生育的成本也相当高。中国应该汲取这样的经验教训，在逐步实施"全面二孩"政策的同时，应该配套以鼓励政策，可以避免10年之后再鼓励的低边际效应。

最后，从梳理文献可以看到，近年来对新家庭经济学生育率方程的实证检验均应用协整分析工具对家庭与劳动力市场的互动展开研究，采用了生育率、女性教育水平、劳动参与率、工资率及男性工资率等家庭行为变量与劳动力市场行为变量，其经验研究结果均与新家庭经济学预测保持一致，即女性的教育水平和劳动力市场工资水平对生育率存在显著的负影响。这也是前面几条实践经验的理论总结，可见不光要全面放开二孩，更要跟上鼓励措施。

从历史角度看，中国总人口从1949年的5.4亿人增加到了2018年的13.9亿人。这之间有三个阶段人口增长最为迅速：第一个阶段是从1949—1958年，人口自然增长率维持在20‰左右；第二个阶段是从1962—1973年，人口自然增长率维持在25‰左右；第三个阶段是从1981—1990年，人口自然增长率维持在15‰左右。这三个阶段人口的快速增长，使得中国的人口结构发生了巨大变化，最终导致中国在改革开放30多年来，青壮年人口占全部人口的比例不断上升，整个社会的人口抚养比即依赖型人口（14岁以下与65岁以上人口之和）与劳动年龄人口（15~64岁人口）之比不断降低——从1994年的49.33%下降到了2017年的35.76%，也就是说，为中国经济发展做出过巨大贡献的人口红利期正在消退。所以，中国要千方百计呼吁"第四次婴儿潮"尽快到来，这甚至有可能是中华民族的最后一次婴儿潮。

基于经济学视角，中国政府可以从以下几方面采取有效措施，助力中国经济社会可持续性发展。

首先，生育保险不应再单列，应该并入社会医保。十八届五中全会提出要简化合并社会保险，但现在生育保险是作为生育妇女职工的保险，还没有深入、广泛地覆盖到农村地区的妇女。将生育保险并入医保以后，能够使更广大的妇女群体享受到生育保险，产生规模效益，争取实现免费生育。根据2015年北京市的统计数据，育龄妇女在公立医院的生育费用，自付部分在人民币2300元左右，这部分完全可以通过财政补贴来鼓励生育。

其次，结合个人所得税的改革方案，实施生育消费抵扣。中央对税制改革的指导精神是分项计征和综合计征相结合，我们建议以分项计征为辅，综合计征为主。可以通过综合计征来实现：凡是生育消费，包括生二孩而产生的购房、教育、婴幼儿消费等需求应该进行所得税抵扣。具体的技术细节可以再讨论，但是这些原则应该尽早确立。要防止房价，特别是一线城市房价的最后的疯狂。根据中国养老金融50人论坛宏观模型预测，中国的一线城市房价会缓慢地上涨到2025年，之后出现逆城镇化：年轻人口无法负担大城市的居住开支，回到二线城市或周边小镇居住，然后到大城市工作。诸如此类的个人消费，政府应该通过税收调节予以优惠和补贴，让利于民。这样不仅可以鼓励生育，还可以防止"大城市病"，阻止房地产泡沫。这不光是从提高生育率的角度考虑，也是从降成本、去库存的角度考虑的。

最后，要促进企业和社会组织参与到提高生育率、应对超老龄社会挑战的事业中来。社会力量的参与可以促进家庭消费、二孩消费，更好地落实中央政策，还体现了社会更广泛的关爱。

2025年全球总人口预计将达到94亿人，而中国人口有可能将在达到峰值15亿人以后不断下降。在可预见的百年内，如果不及早应对，中华民族极有可能成为一个全球范围的小众群体。母亲是财富的创造者，提高生育率也是积极应对老龄化的一个非常有效的途径，所以要珍惜我们目前只有9000万的育龄妇女，还要全方位鼓励生育二孩，不要让中国陷入长期超低生育率的这个陷阱。落实好"全面二孩"政策，需要全社会共同的努力。要将人口视为财富而非负担，这是需要短期内尽快达成的社会共识。

"全面二孩"政策虽然有助于解决人口老龄化问题，但根据有关研究结果表明：

规模庞大的婴儿潮成长进入经济社会后所带来的高储蓄率将形成对金融资产的巨大需求,这是金融市场繁荣的重要因素,而当人口年龄结构转向老龄化后,金融资产需求将随之变化,可能使资产价格和股市下跌。因此,面对超老龄社会压力,以及中国经济的高杠杆现状,发展养老金融是去杠杆刻不容缓的战略举措。

二、养老金融作用越来越凸显

如果将财政补贴的城乡居民基本养老保险看作"0"支柱,则养老金各支柱与金融市场的四大领域——银行、证券、信托、保险相结合,形成表 2-1 的养老金融矩阵。

表 2-1　养老金融矩阵

投资	支柱			
	"0"	第一	第二	第三
固定收益银行/债券	√	√	√	√
权益类股票/基金		√	√	√
信托		√	√	√
保险			√	√

银行业服务于养老金所有四个支柱:"0"支柱普惠制的养老金应当是现收现付制的,银行业作为与城乡居民联系最紧密、服务最后一厘米的金融行业,是所有支柱养老金发放等直接服务的渠道;与此同时,所有支柱养老金都要满足安全性、收益性和流动性要求,而银行业最适合服务于各支柱养老金的流动性要求,银行业服务养老是养老金融的基础,各支柱养老金体系也为银行业的金融创新、服务创新提供了丰厚的土壤。

证券业、基金业是养老金投资资本市场的主要渠道，我国2015年8月通过的《基本养老保险基金投资管理办法》中明确规定了第一支柱基本养老金投资权益类产品的比例，而第二、第三支柱养老金投资资本市场更是其保值增值的唯一途径。在中国证券投资基金业协会对我国94家公募基金公司的调查中可以看出，绝大多数基金公司对我国三支柱的养老体系比较了解，认识到养老金投资管理业务发展空间巨大，服务养老领域的前景广阔。证券业已经成为且继续作为服务养老金投资和管理的主战场，在金融服务养老中发挥重要作用，而养老金作为机构投资者投资资本市场也为资本市场的稳定、健康发展提供了长期资金，在资本市场波动中可以起到中流砥柱的作用。

信托为几乎所有支柱的养老金提供了管理模式，信托法将保护养老金受益人的利益不受侵犯。同时由于信托是少有的可以打通金融与实体经济之间藩篱的金融领域，安愉信托、消费积分养老都是在服务养老中信托领域金融创新的例子。未来信托在各支柱养老保险基金投资地方政府债券、资产支持证券、国家重大项目和重点企业股权时会发挥更为重要的作用。信托将在与第一、第二、第三支柱养老金结合，在服务于国人养老方面发挥其独特作用。

保险业服务养老已经取得了可喜的成就，养老保险与商业保险同根同源，保险业已经承担了大部分的第二支柱企业年金管理业务，刚刚成型的机关事业单位职业年金也将为保险业提供大展宏图的机会，未来第三支柱税优个人账户和寿险更是保险业服务养老的主渠道，保险业服务养老已经成为并将继续成为养老金融的主要实践者。

由于我国金融业分业经营、分业监管的状况在短期内还难以发生根本性的改变，而养老金可以横跨银行、证券、信托、保险诸业，为金融创新提供新的机遇。金融诸业在服务养老中可以充分发挥各自优势，利用各支柱养老金为支点，形成横跨所有金融领域综合经营的试点，为解决我国老龄化问题提供保值增值的工具。金融业与养老金二者的完美结合将促进我国养老金融事业的发展，在事关国家发展全局、事关百姓福祉的养老事业上让金融机构充分施展其影响力和执行力,使金融服务养老事业更上一层楼!

三、养老金融可能是资产管理行业的下一个风口

据有关报告预测,2020 年,我国 GDP 达 100 万亿元,家庭金融资产 200 万亿元左右,第三支柱养老金资产可能达到 20 万亿元,其中,配置进入股市的资金约 3 万亿元。第三支柱的缺口预计超过 40 万亿元。养老金融资产作为一种资产类别,跟债券、股市是并列的,养老中的 25% 可以配置到股市,预期回报率为 10 年期国债加一个点。

养老金融要特别关注养老金融第三支柱,为什么呢?这是由于第三支柱强调个人账户,更多地突出了"个人"的养老责任和养老意愿,可以有"税优"或者"延税"机制;个人养老账户不仅可实现保险保障的目的,还兼备家庭资产管理和配置的功能;从国际经验看,资本化的个人账户在资本市场中是"长钱"。中国股市不成熟的重要原因之一在于充斥大量散户,长期资金和长期投资者严重缺位,个人养老账户系统积累的资金可赋以厚望,因此发展第三支柱个人养老是去杠杆刻不容缓的战略举措。

总的来说,我国要积极建立由政府、企业、个人责任共担的三支柱养老金体系,其中第一支柱(基本养老金)主要是保基本,具有国家强制性;第二支柱(职业养老金),以前就是提高待遇水平,但当整个经济进入新常态后,随着企业利润下降,这部分规模未来可能占 10%;第三支柱(个人税延养老金)具有"政府税收优惠、个人自愿参加、市场化运作"三大特点。我国积极发展养老金融,构建三支柱养老金体系,有助于应对老龄化风险,减少养老金缺口;厘清政府和市场关系,实现养老责任共担;有助于实现再分配性与激励性的兼容;重视投资增值,少增加参保者缴费负担;改革尽可能与既有制度衔接,成本相对较小。

第二节　社保可持续发展的动力所在

2015年开始的机关事业单位职工养老保险制度改革实现了与企业职工的"并轨",在"公平"层面大大迈出了一步。但未富先老、多地养老金收不抵支的诸多问题表明,社会保障可持续问题的解决需要下更大的力气。在解决可持续问题的诸多选项中,三支柱养老金投资金融市场(特别是资本市场)的养老金融化是重要战略。中共十八届三中全会通过的《中共中央关于全面深化改革若干重大问题的决定》中提出社保改革的总体目标是"建立更加公平可持续的社会保障制度"。如何做到养老保险制度的"公平",又如何让养老金体系"可持续",成为我国养老保险的重中之重。

一、养老金可持续问题

目前来看,我国养老金在"公平"方面取得的成效是十分显著的。2014年2月,国务院决定将新型农村社会养老保险和城镇居民社会养老保险两项制度合并实施,在全国范围内建立统一的城乡居民基本养老保险制度,实现了城乡居民之间养老保险的公平。2015年年初,国务院颁布《关于机关事业单位工作人员养老保险制度改革的决定》,改革方案将机关事业单位工作人员也纳入了社保体系,实现了"并轨",在养老保险制度"公平"方面迈出了决定性的一步。然而,在"可持续"方面存在的问题仍然十分严峻。中国社科院世界社保研究中心2019年4月10日发布的《中国养老金精算报告2019—2050》中的测算结果显示,在企业缴费率为16%的基准情境下,全国城镇企业职工基本养老保险基金将在2028年出现当期赤字,并于2035年出现累计结余耗尽的情况,现行养老保险制度的可持续性堪忧。

中国在养老保险制度"公平"性取得重大进展的基础上,"可持续"成为下一步养老保险制度改革的重点。实际上，早在 20 世纪 90 年代中国社会保障制度改革方案的设计阶段，世界银行向中国政府的建议就是建立"三支柱"的养老金体系：第一支柱是保证所有退休职工生活在贫困线以上的基本养老保险；第二支柱是基金积累制的强制性个人账户；第三支柱是对期望目标作补充的自愿缴费。此后，世界银行于 2005 年在原来"三支柱"的基础上增加到"五支柱"体系，不同的支柱分别应对不同的风险，多个支柱相互配合以分散风险，增强养老金制度的可持续性。

世界银行的上述建议来源于实践，已经建立社会保障制度的发达国家大多是多支柱的。在 OECD 的 34 个成员国中，第一支柱都比较健全，其中 18 个国家第二支柱也很完善，具有准强制性缴费的特征，如澳大利亚、荷兰、瑞士、英国等国第二支柱覆盖率均在 70% 以上，其中荷兰近 100%，其 2017 年的养老金资产高达 GDP 的 194%；而近年来欧债危机重灾区的葡萄牙、意大利、希腊、西班牙四国虽然也都是 OECD 成员，但第二支柱都很弱，政府强制性要求很低，如希腊第二支柱覆盖率几乎为 0，其余三国也低于 10%，养老金资产也都不足 GDP 的 10%，养老保险体系过于倚重第一支柱，加剧了财政和债务危机。

目前，中国的养老保险制度过于倚重第一支柱，形成独木难支的状况。正是认识到这个问题的严重性，国务院通过的《机关事业单位职业年金办法》明确，将强制性建立第二支柱的职业年金，所需费用由单位和员工个人共同承担，费率分别为工资的 8% 和 4%，缴费基数与基本养老保险缴费基数一致。中国强制性职业年金的发展可望带动企业加快建立企业年金的步伐，中国第二支柱养老金的发展将迎来新的历史机遇。通过投资资本市场保值增值，可逐步完善中国养老金多支柱体系，增强其可持续性。中国第三支柱自愿商业养老保险发展应成为重要补充。中国较高的储蓄率源于民众对未来生活一系列不确定性因素的担忧，尤其是担心老年生活风险。随着公众保险意识的觉醒，寿险产品供给不断丰富，个人储蓄型养老保险近年来获得了较大发展，正在逐步成为养老保险三支柱体系中一支不可忽视的力量。

要解决养老金可持续的问题，应当跳出传统社会政策的思路，思考如何通过金融的手段来实现养老金可持续。这里分别从养老金的三个支柱与金融的结合来探讨可持续性问题。

二、第一支柱是养老金融主体首选

前文已提及,早在20世纪90年代中国社会保障制度改革方案的设计阶段,世界银行向中国政府建议就是建立"三支柱"的养老金体系。此后,世界银行于2005年在原来"三支柱"的基础上增加到"五支柱"体系。我国对世界银行的建议进行了修正,在1997年建立了"社会统筹与个人账户相结合"的基本养老保险制度。2015年8月,国务院颁布了《基本养老保险基金投资管理办法》,这个办法里有非常重要的一点,投资股票和基金等权益类资产的比例,合计不得高于养老基金资产净值的30%,投资国家重大项目和重点企业股权的比例,合计不得高于养老基金资产净值的20%。可以看出,基本养老保险,就是第一支柱的养老保险和资本市场的结合。投资权益类资产30%的比例是不是合适呢?我们以上证指数为股票投资的代表,过去十年(2008—2018年)上证指数从1820.81点上涨到2493.9点,复合收益率3.2%。由于我国是新兴市场,股市波动剧烈,28年间的标准差高达57.3%,是美国、英国等发达资本市场同期的2倍以上,如果将养老金全部投入股市显然风险太高。

鸡蛋不能放在一个篮子里,投资组合管理可以降低风险。如果按照2015年国务院基本养老保险基金投资管理办法规定的比例组成一个投资组合,即养老金资产30%投资上证指数为股票标的的股票基金,65%投资三年期国债,另外投资5%银行存款以确保流动性要求,则该投资组合26年的预期收益率可以达到12.3%,而作为风险指标的标准差则下降到18.35%,这样的投资风险是可以容忍的。当然,养老金投资股市30%的上限是逐步达到的,所以前面投资股票的比例还可以从5%、10%、15%做起。如果以10%投资股市,85%投资国债,5%投资银行,则预期收益率是8.22%,标准差只有7%,和债券本身的标准差相差无几,应该说是非常安全的。事实上，在过去的十几年间，我国的企业年金和全国社保基金投资资本市场的年均收益率都在7%~8%，且均经历了2008、2015两个股市极端波动年份的考验，充分说明无论是理论上的投资组合测算，还是企业年金和全国社保基金的投资实践，都可以得出结论：养老金部分投资股市可以享受资本市场发展的成果，而风险基本上是可控的。

目前我国基本养老保险投资办法里还没有涉及投资海外市场的问题，而实际上国际养老金投资的一个共同的趋势就是逐步增加海外投资，以防范单一投资本国的风险。假设我国养老金投资股市的部分再细分成国内投资和海外投资，其中60%投资上证指数基金，40%投资标普500指数基金，则养老金投资的风险可以降低，标准差进一步降低到14%左右，收益率也降低到10%左右。

为什么选择标普500？如果将国际上主要的几个指数（如香港的恒生指数、英国的富时100指数、法国的CAC指数、德国的DAX指数、美国的标普500指数）都与上证指数进行相关性分析，可以发现标普500与上证指数的相关性最小，和香港恒生指数相关性最高，那么选取标普500指数作为海外投资的标的可以充分对冲单一市场风险，同时美国资本市场又是全世界最发达的，市场容量足够大，可以容纳我国养老金巨大的体量。

事实上，像我国这样第一支柱基本养老保险基金投资股市在全世界是较少的，如资本市场发达的美国，迄今为止其第一支柱联邦社保基金并没有入市，我们应当说在这点上我国比他们先进了一大步。当年哈佛大学教授、美国经济研究局主席马丁·费尔德斯坦一直主张美国联邦社保基金应该入市，小布什总统还在2001年组织了共和党、民主党各8人的委员会进行研究，但入市的建议最终未能通过国会审议，联邦社保基金至今依然没能够入市。

人社部发布数据显示，截至2019年第一季度末，17个委托省（区、市）签署的8580亿元委托投资合同中已有6248.69亿元到账投资运营。比2018年年底6050亿元的到账资金有所增加。目前全国职工基本养老保险基金结余超过4万亿元，预计未来二三年，委托投资的速度可能会加快。此外，人社部新闻发言人表示，已经会同相关部门，明确了2019年和2020年启动城乡居民基本养老保险基金委托投资的省（区、市）名单。下一步将积极推动城乡居民基本养老保险基金委托投资全面实施。最近两年，相关部门一直在呼吁加快城乡居民养老保险基金的入市，相关的投资管理办法相继落地，未来有望加快进入实际投资运营层面。

考虑我国养老金数量达几万亿元，这个入市不仅仅是入资本市场，我们可以看到有一部分要保证流动性，要有银行存款，还要有债券、国有企业改制上市股权和重大项目，银行、证券、信托、保险各行业的金融机构都将在基本养老保险基金入市的投资中发挥各自优势，基本养老保险基金将逐步成为养老金融的主体。

三、第二支柱促使养老金融深化

第二支柱养老金，我国最早于1991年在上海试行，当时叫补充养老保险，真正规范发展是2004年的《企业年金办法》颁布以后。按照人社部的统计，截至2018年年底，全国建立企业年金的企业为8.74万家，覆盖职工2388.17万人，积累资金14770.38亿元，跟第一支柱相比，10多年来发展并不快，覆盖面之所以差别巨大最主要的原因是企业自愿设立而非强制性的。

第二支柱强制性缴费是近年来发达国家应对老龄化的重要举措。1985年瑞士在全球第一个建立了强制性的第二支柱。澳大利亚的超级年金非常有名，当然还有我国香港的强积金，这个"强"字就是强制性的意思。2008年，英国在养老金立法中提出了强制性缴费要求，但他们没像我国香港和澳大利亚那样直接用"Mandatory"（强制性）这个词，而是用了另外一个词"Auto-enrolled"，意思是自动加入。也就是说，所有的新员工入职后就自动加入这个养老金第二支柱体系，除非你有特别的原因才能退出，所以可以认为是准强制性的。

在对各国养老金制度的可持续性问题的关注中，全球最大的保险公司之一安联对全球前50大经济体的养老金体系可持续状况进行了统计，并于2014年公布了"养老金可持续指数"（Pension Sustainability Index，PSI）。该指数是一国养老金体系可持续性的综合性指标，包含了人口结构、养老金制度、养老金与公共财政占比三个子项目指标。由于各国养老金体系不尽相同，各国养老金体系的可持续性就成为综合评价指标。PSI反映了全球前50大经济体在老龄化时代养老保险制度的长期可持续性，排名越靠前说明可持续性越好，而越靠后则养老金可持续性越不好。

在PSI中，澳大利亚高居榜首。如果不考虑北欧的几个高福利国家，在国人熟悉的主要国家中，PSI排名靠前的还有：荷兰第5、瑞士第7、美国第8、英国第10。这些国家的共同特点是有非常发达的第二支柱私人养老金。瑞士早在1986年就在全球第一个通过立法强制性建立私人养老金；排名首位的澳大利亚是在20世纪90年代建立了强制性的"超级年金"；荷兰的私人养老金资产与GDP之比10多年来高居全球榜首；英国、美国具有上百年的私人养老金传统，近几年又推出了"自动加入"。这些PSI前10的国家的一个共同的特点就是第二支柱私人养老金的发达，真正实现了养老金的多支柱体系，养老基金结构更为合理。

与前述国家形成鲜明对照的就是欧债危机国家。在PSI中，葡萄牙排名第34，意大利第39，西班牙第40，希腊第43。希腊仅靠公共养老金、几乎没有私人养老金资产的窘境是其在该指数中排名靠后的主要原因。这从另外一个侧面可以看出，养老基金结构的差距不仅仅影响了PIGS各国的公共财政结构，也影响了养老金体系的可持续性。我国在PSI中排名第45，甚至低于深陷债务危机的希腊的第43，应当引起我们的高度关注。

国际PSI虽然可能存在着不够全面的问题，但至少从一个侧面反映了50个主要经济体养老金制度的可持续性，PSI中名列前茅的国家都是第二支柱私人养老金比较发达的国家，而PSI中的落后者，如中国和希腊，则需要大力发展第二支柱私人养老金，以提高可持续性。

从最近的两大金融危机中也可以看出第二支柱养老金对可持续性的影响。

2007—2008年，美国爆发次贷危机，并蔓延全球，成为全球性的金融危机。一波未平一波又起，2009年欧债危机爆发，两次危机的爆发性、连续性、传染性，以及在不同国家、不同类别金融资产中的跨国界影响，在金融史上绝无仅有。两次危机接踵而至，危机后的复苏却大不相同，美国资本市场很快于2009年开始反弹，几年来屡创新高，就业数据和宏观经济表现良好；而欧债危机虽然有所缓和，但2009年陷入欧洲债务危机的葡萄牙、意大利、西班牙、希腊却复苏乏力，重灾区希腊的债务再平衡直到2020年以前都只是一个梦。究其背后的原因，第二支柱养老金资产是债务危机的一个重要解释变量，养老金制度的可持续性是一个重要因素。

我国要想提高养老金的可持续性，防范潜在的金融危机，大力发展第二支柱是必然选择。我国一个最新的进展是，在机关事业单位职工和企业职工养老并轨之后，机关事业单位的3800万机关事业单位职工强制性建立职业年金作为第二支柱，并从2014年10月1号开始实施。按照3800万机关事业单位职工年均缴费2万元计算，每年可以积累7600亿元的职业年金，这笔钱很快会超过企业年金，在养老金融领域将异军突起，这对倒逼企业年金方面也是重大利好。

《机关事业单位职业年金办法》第九条规定，机关事业单位职工将来领取职业年金的时候可以一次性地把这部分资金直接转换成第三支柱的商业寿险，这为商业保险业提出了新的寿险产品设计要求，等于在第二支柱、第三支柱之间专门留了一道绿色通道，职业年金在打通第二、第三支柱方面做出了非常好的典范。

四、第三支柱是养老金融的重要补充

目前我国的养老保险制度过于倚重第一支柱，形成独木难撑的状况。第二支柱企业年金发展不足，职业年金刚刚开始，我国第三支柱自愿商业养老保险发展将成为重要补充。我国较高的储蓄率源于民众对未来的一系列不确定性因素的担忧，尤其是步入老年后的生活风险。随着公众保险意识的觉醒，寿险产品供给不断丰富，个人储蓄型养老保险近年来获得了较大的发展，正在逐步成为养老保险三支柱体系中一支不可忽视的力量。根据中国银保监会公布的数据，近年来保险行业个人储蓄型养老保险业务的规模保持了较快增长，覆盖超亿人次。依靠寿险为自己未来的养老锦上添花成为更多人的理性选择，这也在客观上促进了养老保险第三支柱的发展。

随着我国保险业的发展和完善，自愿养老的寿险产品已深入人心，保险类金融机构资产投资管理经验快速积累，具备了发展养老金理财产品的条件和能力。由于各金融机构的投资账户均采取专业托管、严格监督，资金安全有保障。随着我国居民财富的不断增长，越来越多的人具备养老理财能力，税收递延型寿险产品将成为第三支柱发展的重点，逐步成为独立的养老金支柱。诸多内地居民专门到香港购买寿险产品，也充分说明市场潜力巨大，需要内地寿险业开发更多适合客户要求的产品。

除商业寿险外，我国还可以借鉴美国的个人退休账户（IRA）发展经验，尝试开展创新型个人养老储蓄产品，推动我国"储蓄养老"向"投资养老"转化，以满足养老金投资的独特性和个人养老保障需求的多样化。美国IRA是由政府提供税收支持、个人自愿参与的养老保障体系第三支柱，是近30年来美国养老金资产持续增长的最主要来源。根据美国投资协会（ICI）在2017年的最新统计，72%的美国人认为养老储蓄的IRA是家庭首选投资，截至2018年第二季度末，美国IRA总资产达9.3万亿美元，远远超过只有5.3万亿美元的401k（相当于中国的企业年金）。IRA的主要优势在于享有税收递延或免税等多种税收优惠政策，大部分IRA参与者每年可将一定免税额度的资金存入账户，根据自身的风险收益喜好，自主、灵活地配置资产；投资收益免税，退休领取时缴纳个人所得税。

借鉴美国IRA，我国发展税收递延型第三支柱养老基金目前恰逢其时。这将不仅有利于促进资本市场健康发展，减少资本市场短期波动，为资本市场提供长期稳定资金；也有利于推动金融创新，满足养老金投资的独特性和个人养老保障需求的多样化。

第三节　大养老金融的新思维

随着老龄化趋势加剧，养老日益成为全社会关注的话题。养老涉及多方面内容，都离不开金融媒介融通作用。目前社会将养老金融与养老金金融混同使用，认为养老金融的核心是养老金资产管理。实际上养老金融是一个概念体系，包括养老金金融、养老服务金融、养老产业金融三部分。养老金金融的对象是养老资金，目标是积累养老金资产并保值增值；养老服务金融的对象是老年人群，目标是满足老年人群各方面的金融消费需求；养老产业金融的对象是养老产业，目标是为养老产业提供投融资支持。由于中国进入老龄化晚于发达国家，养老服务金融与养老产业金融的发展也较为滞后。但是受计划生育等因素影响，中国人口老龄化速度远远快于其他国家，中国将很快步入重度老龄化乃至超老龄化时代。在此背景下，我国必须全方位重视养老金融，应对老龄化问题。

一、以养老金融冲破老龄化重重阻隔

发展养老金融是应对人口老龄化挑战的重要前提。养老金融既包括人们为了年老生活储备养老金的过程，也包括社会为老年人和老年产业提供的各种金融服务。如果没有养老金融的发展，一方面养老产业和养老服务可能提供不足，另一方面，也可能缺乏足够养老金积累用以购买相关产品和服务。同时，养老金融是现代金融体系核心之一。养老金资产体量巨大，美国 2017 年年底养老金资产合计达到 27.9 万亿美元，是当年美国 GDP 的 144%。OECD 成员国的养老金资产平均超过各国 GDP 的 80%，资产规模还在进一步增加。养老金融的对象是 30 岁以后的所有人群，涉及范围广。巨量的养老金资产与规模庞大的人群决定了养老金融在现代金融中的重要地位。

养老金金融涉及养老安全和经济转型。养老金金融主要包括养老金制度安排和养老金资产管理。伴随着世界步入老龄化社会，养老金制度的重要性更为凸显，不但关系到养老金体系可持续发展，还关系到社会和谐。近年来欧洲养老金体系发展滞后于人口和经济变化，导致养老金体系可持续性受到挑战。更为严重的是希腊等国，由于养老金制度不合理，不但导致国民养老陷入困境，还加剧了主权债务危机和社会动荡，几乎致使国家破产。我国老龄化进程加快，面临"未富先老、未备而老"的挑战，在此过程中，必须科学改革和优化养老金制度，才能实现国民的养老安全。

养老金资产管理则对金融行业和实体经济影响深远。从国际经验来看，巨量养老金资产成为资产管理行业的主要资金来源之一。养老金通过资本市场实现保值增值，也是资本市场重要机构投资者，其中投资于股票、VC、PE等股权类产品的比例高达60%，支持了实体经济发展，也间接推动了新兴产业涌现和产业创新升级。

此外，养老金金融的发展有助于促进经济转型。我国国民消费动力始终不足，其中很重要的原因是我国社会保障体制，特别是养老体制不完善，导致国民将大量收入用于预防性储蓄。与此相反，美国充裕的养老金资产在部分程度上降低了居民的储蓄意愿，2018年美国居民储蓄率仅为7.6%，所以国民可以将大量收入用于消费。可以预见，我国养老金金融的不断发展将逐渐带动国民消费，实现经济结构转型。

养老服务金融事关老年人福祉和金融业发展。老年人的金融需求广泛，除了传统的储蓄、保险、贷款等业务外，还包括针对养老的理财业务、反向按揭养老、遗嘱信托等新业务。养老服务金融专门服务老年人各方面需求，能够提升服务针对性和有效性，增加老年人效用。此外，养老服务金融不同于传统金融业务，因为国民养老需求的最终目的是合理安排其老年生活，包括了老年理财、养老信贷、养老保险、老年医护、老年家居、养老机构等多方面需求，客观上需要有机构能够链接老年人的金融与实体消费，提供更为精细化的服务，这就要求金融机构随之转型，将虚拟金融服务与实体经济相结合。

养老产业金融是促进养老产业发展的重要动力。一是养老房地产等养老行业需要的资金投入大，周期长，依靠企业自有资金难度较大，在发展过程中离不开各方面的投融资支持。二是养老产业金融具有显著的社会效益。养老产业服务对象是经济收入下降，消费能力不足的老年人，为了保证服务可及性，许多国家会对部分养老产业进行价格限制，因此养老产业具有一定福利性。从这个意义上讲，养老产业金融兼具社会效益和经济效益。三是养老产业金融还是养老金重要投资领域。养老金存续时间长达几十年，在此过程中必须进行合理投资以实现保值增值。但是养老金作为老百姓的养命钱，对安全性的要求较高。而养老产业，比如养老社区等，若运营良好，则能提供稳定的现金流，与养老资金投资风险偏好契合，是养老资金投资的较好对象。

二、我国养老金融的现在与未来

由于人口老龄化趋势严重，如何解决老龄化问题成为各领域专家关注的热点话题，这也就促使养老金金融成为当前的热点领域，同时也连带养老服务金融获得初步发展，但由于养老产业先天性对金融资本的吸引力不足，导致养老产业金融发展滞后。

养老金金融是当前的热点领域。由于老龄化趋势加剧，我国养老金体系可持续发展受到挑战，因此养老金金融成为社会各界关注的热点。在养老金制度安排方面，普遍看法是我国远期面临较为严重的养老金缺口，除了人口老龄化等原因外，制度结构不合理是我国养老金体系可持续性差的重要原因，并认为应该降低基本养老缴费负担，通过税收优惠政策，发展第二、第三支柱养老金。总体来看，社会各界对我国养老金制度改革方向逐渐达成了共识，未来制度改革的重点是大力发展第二和第三支柱养老金，建立养老金的市场化投资运营体系，逐步降低企业缴费负担和适当延迟退休年龄等。在养老金资产管理方面，普遍认为养老金将是资产管理行业的蓝海。美国约28万亿美元的市场化运营的养老金中，90%以上用于投资。我国养老金现有存量已经超过7万亿元，预计2020年我国养老金市场有望达到10万亿元。即便如此我国养老金占GDP的比例仅为10%左右，与OECD成员国平均80%的水平相差甚远，可见我国养老资产管理行业空间巨大，因此目前银行、证券、保险等金融机构高度重视养老资产管理，纷纷将其视为未来战略发展方向。

养老服务金融初步发展。伴随着我国逐渐进入老龄化社会，老年人群的金融需求日益凸显，金融行业开始重视养老服务金融。银行业内，有银行提出"养老金融服务专家"战略发展目标，并通过养老金融支行、养老金融专卖店等形式开发针对老年人的专属金融服务。也有银行开发了针对老年人的金融服务方案，涵盖理财产品、养老增值服务、便利结算等内容。总体来看，各个金融机构已经开始探索养老服务金融，并逐渐考虑将其与养老资产管理、养老服务业融合，如建行成立的养老金公司，旨在参与养老金资产管理业务的同时，向多元化养老金融综合服务转型，为社会提供包括养老、医疗、住房、教育等多方面的金融消费需求。保险业除了通过寿险、养老险机构向老年人提供传统保险业务外，还建立了养老服务业机构，介入养老社区、养老服务业等领域。总体而言，我国养老服务金融还处于市场机构初步探索阶段，尚未形成新的金融业态。未来，伴随着我国老龄化程度的不断加深，养老服务金融将迎来快速发展，养老服务金融机构的业务将逐渐深入到养老产业的全产业链，将金融服务推进到实体经济领域。

养老产业金融亟待加强。养老产业先天性对金融资本的吸引力不足，原因有二，一是老年人处于经济收入的收缩阶段，消费能力有限，决定了大部分养老行业只能微利经营。美国、日本等国家的养老产业的平均利润率仅在5%上下，对金融资本吸引力不足。二是养老产业在我国作为新兴产业，盈利状况具有较大不确定性，这也导致资本的参与意愿下降。然而，养老产业具有显著的经济效益和社会效益，因此必须兼顾政策性和市场化手段发展养老产业金融。

政策性金融支持指的是政府及政府性金融机构，不以营利为目的，对养老产业和养老机构提供金融支持活动，可以看作是政府对养老产业社会效益的补偿。政策性金融支持主要包括政策性贷款、担保，政府引导基金，专项扶持基金等。如前所示，由于养老产业难以获得市场化资金的青睐，因此政策性金融对养老产业发展至关重要。日本、德国等国家都对从事养老产业的机构提供了不同程度的税收减免、贷款优惠等措施。我国近年来也出台了一系列政策，旨在通过政策性金融支持养老产业发展，包括支持地方政府设立专项扶持资金、探索采取建立产业基金、PPP等模式，支持发展面向大众的社会化养老服务产业。总体来看，目前我国出台了多项政策性金融政策，但是在具体落实层面，还没有成型的模式。

市场化融资支持指的是市场主体按照市场机制，通过直接或者间接融资手段为养老产业提供资金支持，市场化融资支持能提升金融资源的配置效率。总体来看，国外市场化融资支持养老产业比较发达，除了常规的信贷、IPO、债券融资外，还有一些创新融资手段，最典型的是REITs（房地产投资信托基金）和私募基金。美国养老社区或者养老机构的融资主要通过REITs，在美国前十大养老社区中，有五家被REITs持有。此外，私募基金也是养老产业金融的重要参与者。2009年黑石公司收购了一家养老社区运营商，成为全美第12大养老社区拥有者。我国养老产业处于产业发展的早期阶段，大部分养老产业企业以中小企业的形式存在，加上产业成长期的高竞争性，使得老龄产业投资的高风险特征非常明显。而且前些年我国的无风险利率高企，也间接降低了养老产业对金融资本的吸引力。因此，我国养老产业金融无论是和国外发展程度，还是和我国养老产业的需求相比，都处于滞后状态，也是养老金融的短板，需要进一步通过政策性和市场化手段予以加强。

三、从大局出发备战养老金融

我国养老金融发展总体滞后，养老金规模低于国际平均水平，养老资产管理行业也处于初步发展阶段；此外，由于我国进入老龄化晚于发达国家，养老服务金融与养老产业金融的发展也较为滞后。但是受计划生育等因素影响，我国老龄化速度远远快于其他国家，将很快步入重度老龄化乃至超老龄化时代。在此背景下，必须重视养老金融的各个方面，为我国应对老龄化做好准备。

国务院发布的《社会养老服务体系建设规划（2011—2015年）》鼓励和引导金融机构在风险可控和商业可持续的前提下，创新金融产品和服务方式，改进和完善对社会养老服务产业的金融服务，增加对养老服务企业及其建设项目的信贷投入，积极探索拓展社会养老服务产业市场化融资渠道。国家层面的这一规划为未来养老金融的发展奠定了基础，现在亟须的是如何把这些规划落到实处。

以国家统计局城镇单位就业人员2010年的工资总额4.7万亿元为基数，假设个人账户养老金可以达到工资总额的8%，则每年进入城镇职工个人账户的养老金总额将达3760亿元。随着职工工资的逐步增加，以及农村养老保险的发展，未来进入养老保险个人账户的资金量每年将达1万亿元。如此庞大的资金量如果不进行恰当的投资运营，其贬值数额将十分巨大。2018年年底我国基本养老保险基金累计结余约5万亿元，但由于个人账户养老金入市无法律依据，与民生息息相关的养老金资产在很多省份只是以活期存款的形式存在于财政专户中，近5万亿元的养老金每年的利息损失就高达700亿~1200亿元，考虑到近几年居民消费价格指数（CPI）高企，通货膨胀造成的损失更为惊人。由此可见，养老金存放在财政专户，每天都面临贬值的压力；而全国社会保障基金10年的运行经验表明，养老金投资资本市场未必不安全。只有打通养老金和资本市场之间的藩篱，才能一方面促进养老金的保值增值，另一方面促进资本市场的健康发展。资本市场一旦有了作为长期机构投资者的养老金，就有了"定海神针"，真正实现平稳、有序、健康发展。因此，如何在确保安全的情况下打开养老金入市投资的闸门，通过法律规制养老金的入市投资，实现养老金与资本市场的良性互动，是养老金融发展的重点。

如果说 20 世纪 50 年代中国是以苏联为师的话，那么 20 世纪 80 年代以后的中国在很大程度上学习、借鉴了美国、英国、德国、日本等西方发达国家很多方面的经验，其中美国对中国的影响在所有国家中处于更为领先地位。特别是 2001 加入世贸组织之后，中国不得不按照国际规则来改革自己的经济体制，从而创造出举世瞩目的"中国奇迹"，在经济总量上迅速拉近了与发达国家的差距，国内生产总值在 2006 年超越英国，2008 年超越德国，2010 年超越日本，成为全球第二大经济体，2018 年中国国民生产总值已突破 90 亿元大关。与国内生产总值跨越式发展相比较，中国养老金融的发展就远远落后于发达国家。由于养老金和资本市场结合所造就的养老金融已经在欧美发达国家有了数十年发展的历程，中国未来的金融发展、养老金发展离不开二者的成功嫁接——养老金融的发展。无论从国家战略竞争的层面，还是金融竞争的层面，都需要源头活水——养老金的注入。从这个意义上来说，养老金融的发展应当逐步成为国家战略，唯如此，方能和欧美发达国家在国际金融市场的竞争中迎头赶上，甚至后来居上。

第三章

长钱的形成

第一节 变"藏钱"为"长钱":养老金融服务

养老金融是嵌入健康长寿需求的货币流通和信用活动,以及与之相联系的经济活动的总称,以发挥金融在资产配置、保值增值、风险管理等方面的功能,实现改善老龄人口资产结构和提高购买力的目标。农业社会讲颐养天年依赖家庭儿孙绕膝,工业社会讲颐养天年需要代际间的养老保障制度,如今讲颐养天年需要个人财务自由与家庭社会养老并重发展。在银色经济时代,老龄人口的购买力是拉动国家医养服务业和大健康产业发展的动力。因此,国家面对老龄化趋势要发展微观经济学,变"藏钱"为"长钱",大力实施培育国民努力工作与终生理财的养老金融意识和理财能力工程。如果按照生命周期嵌入养老金融,包括资产配置和理财服务,可以改善老龄人口的资产结构,满足个人终生平滑消费需求。

一、养老资产"成员"

资产是货币、物资、权益和人力资本的总和。养老资产由转移支付权益资产、劳动经营收入、固定资产和金融资产四部分构成。合理的养老资产结构可以提高老龄人口的购买力。职工和居民养老资产结构如何是检验一个国家是否有备而老的指标之一。目前,在 OECD 成员国中,美国、加拿大、澳大利亚、墨西哥等国家的老龄人口的资产结构相对合理,特别是美国在公共转移支付、工作收入、自有资产方面几乎各占 1/3（见图 3-1），这是进入老龄社会的软实力。

一是权益类养老资产。权益类养老资产来源于国家保障公民权益的制度安排,

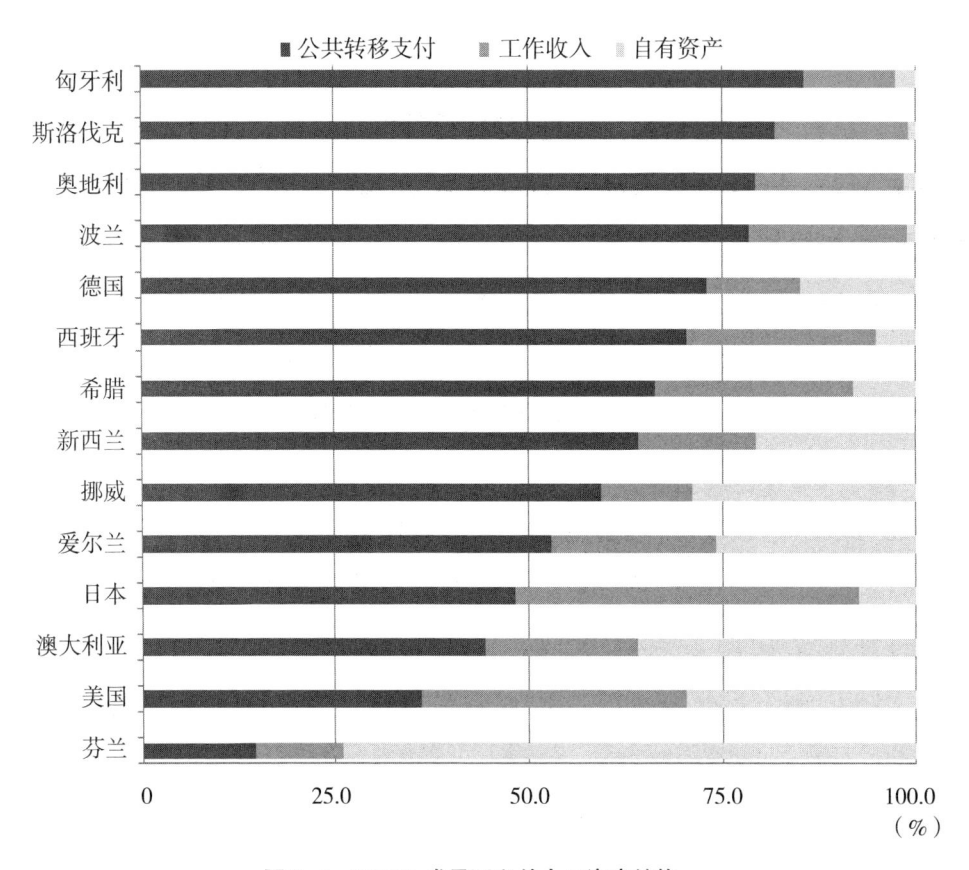

图 3-1 OECD 成员国老龄人口资产结构

大多数属于待遇确定型福利计划。目前，中国权益类养老资产包括如下内容：①货币形态的基础养老金，在工作期间达到缴费年限的，退休后均可以按月领取养老金。②服务形态的医疗保险计划，全体居民和职工在履行缴费义务后，可以报销一定范围和比例的医疗费用。职工在职期间缴费达到规定年限的，退休后继续按照上述规定报销部分医疗费用。③独女和失独家庭老人的基本生活一旦遇到困难，应当得到国家的帮助，包括养老补贴、老年照顾、困难补贴等。④各类用人单位补充的权益类养老资产，如职业年金、企业年金、补充医疗保险等。

二是金融类养老资产。金融类养老资产源于利用金融工具实施管理和实现价值的资产，大多属于缴费确定计划，包括雇主缴费、个人缴费和家庭储蓄等。金融类养老资产主要内容如下：①积累型养老金计划，包括雇主缴费、个人缴费、商家让利积分转换养老金，委托给具有资质的受托人管理，建立账户管理、资产托管和投资管理的安全运营机制，为实现养老基金的保值增值，进行股市投资、保值储蓄和项目投资。②商业补充保险，包括企业为职工购买和个人家庭购买的，商业保险公司提供的养老年金、大病医疗保险、意外伤害保险、长期护理保险等；老年护理保险包括社会保险、商业保险和商业化运作的社会保险项目。③老年固定资产，如房产规划，包括房产置换增值、房屋出租、老年房产抵押等，还有贵重物品收藏等。④养老预付金，包括进住老年公寓、享有老年护理和医疗服务的预付金，一些保险公司和地产养老机构要求客户支付几十万元或者几百万元预付金，以取得未来老年公寓优先进住权。⑤老年其他资产和利得收入，如存款利息、股权收入等。

三是人力资本类养老资产。人力资本即指个人拥有的能够创造个人、社会和经济福祉的知识、技能、能力和素质（OECD，2001）。人力资本类养老资产，是指基于推迟退休年龄，老龄人口学习、就业和资助儿孙及其社会，在退休后附加在人身上的知识、技能、能力和素质创造的个人、社会和经济福祉。1991年《联合国老年人原则》提出"老年人应能参与决定退出劳动力队伍的时间和节奏"的建议，由此可以释放老年人的人力资源和增加他们的财富。在中国，50%以上的高级知识分子和科技人员在65岁后要继续工作，有的甚至工作到70～80岁；有60%以上城镇企业职工在退休之后继续工作；有20%的老年人靠劳动收入养老；还有很多老人愿意参与社会公益活动。

总之，养老资产具有准公共品、提前锁定、安全保值、生存性等特点，部分养老资产具有不可剥夺性，如基础养老金是老年人的养命钱，不得用于抵押和不被剥夺。养老资产管理需要公共政策支持，才能加速发展，从而增加老龄人口的收入、调整老龄人口的资产结构和盘活老龄人口的资产存量，需要从税收政策、金融理财等多方面入手，创新理念和实现人性化管理。

二、多维视角下的养老资产

（一）养老资产与税费制度

培育养老资产需要具有多种杠杆功能和从长计议的税收制度。一是亟待调整社会保障税费结构；二是亟待引入延期征税政策；三是鼓励个人储蓄和理财规划；四是运用金融手段融资和保值；五是鼓励慈善行为和培育慈善事业。如果用T（Taxed）表示征税，用E（Exempted）表示免税，养老金征税模式共有8种：EEE、TEE、ETE、EET、ETT、TET、TTE、TTT。TTT意味着对养老储蓄、投资和领取养老金多头征税；EEE对三个阶段都免税，优惠幅度最大；ETE只针对养老基金投资收益征税，减少了养老基金存量，放弃了养老金税；TET也有重复征税问题。其余四种模式都是对本金征税，不存在重复征税问题。EET模式是指在养老储蓄阶段和投资阶段均不缴税，待遇领取阶段缴税；TEE模式是指在养老储蓄阶段缴税，投资阶段和待遇领取阶段不缴税；TTE模式是指在养老储蓄阶段和投资阶段缴税，待遇领取阶段不缴税；ETT模式是指在养老储蓄阶段不缴税，在投资阶段和待遇领取阶段缴税。例如，美国1980年《国内税收法》第401条k款规定，对雇主和雇员的养老储蓄免征所得税，待领取养老金时再根据具体情况征税，由此形成了闻名的401k计划。目前，老龄人口纳税约占社会保障税的2%。

（二）养老资产与金融服务

金融学把各种形式的人类精神失落和经济损失都看成风险，金融可谓风险管理和时间价值，是盘活老龄人口资产存量的主要工具。新信息技术使合约和工具的表达、内容和框架变得简单易懂，使金融创新变得更加廉价和有效。技术不仅是公司生存和盈利的工具，也应当让购买金融服务的客户分享。政府、股东和社会公众均应当意识到，金融服务可以坚持"微利综合"原则，通过社会契约和个体契约相结合的管理机制进入人们的养老生活。

广义的养老金融是养老金计划管理、个人养老理财和老龄产业融资等银色经济金融的总称。狭义的养老金融仅指个人养老资产管理，即坚持稳健性、综合性、安全性、流动性原则，运用信托文化管理养老资产、运用保险机制管理长寿风险、运用资本市场管理养老基金、运用房地产市场兑现房产残值等。我国属于养老金融欠发达国家，一方面，截至2018年，基金化养老金不足GDP的10%，与OECD成员国平均75%的水平相差甚远；另一方面，我国储蓄率居全球第三位，相当数量属于活期储蓄。改善老龄人口的资产结构亟待发展养老金融。

以退休规划为例，提供相关服务需要做好八方面的准备工作：一是掌握应用终生财务分析模型；二是关注年龄、健康、学历、收入、阅历、专长、业绩等因素，测算客户的人力资本及其在社会金字塔中的层次与定位；三是分析客户在财务生命周期不同阶段的收入与支出特点，帮助客户追求生命周期内收入和支出的平衡，实现一生效用最大化；四是测算客户的终生平滑消费水平，即等同于人力资本现值及原始资产积累之和的不变消费水平；五是根据客户的退休生活目标测算客户家庭养老储蓄需求；六是为客户综合规划家庭养老资产，包括权益、金融资产、物质资产、人力资本等各类养老资产的合理配置与管理；七是统筹考虑各类退休规划影响因素，包括人力资本定价、退休时点、预期余寿、健康状况、供养与赡养人口、消费期望及风险偏好等个人因素，以及经济政策、税收政策、社保政策、通货膨胀、社会平均工资增长率、资产贴现率等宏观因素；八是进行敏感因素分析及其业绩归因分析，有效管控各类风险，提高养老资产积累与管理的效能。

（三）养老资产与信托文化

信托即指信任委托，即受托人基于委托人的信任，按照委托人意愿，由受托人为受益人的利益管理资产。信托源于19世纪英国UES文化和制度安排，主要是个人信托；公司信托源于20世纪的美国公司文化和法律制度；养老金信托源于20世纪70年代以后的各国养老金立法和《OECD养老金治理通则》等。中国信托业的发展经历了起步和正规两个阶段。其中，起步阶段又分为萌芽期、试办期和整顿期。2001年，国家颁布实施《信托法》之后，在2002年又出台了《信托投资公司管理办法》与《信托投资公司资金信托管理暂行办法》，即一法两规，自此我国信托业进入正规发展阶段。但是，基于过去20年里粗放的经济发展模式，信托业重视融资能力、忽略投资能力，几乎未履行和生长资产管理能力（企业年金例外），不能不说这是一种缺憾。然而，养老资产管理应当是信托业回归本性的机会。

首先，培育老龄产业信托投资机构。《国民经济和社会发展第十二个五年规划纲要》提出鼓励社会资本以多种方式参与公共服务建设。民政部于2011年2月11日发布的《社会养老服务体系建设"十二五"规划》（征求意见稿），提出引导鼓励企业力量资助、兴办养老机构或设施。以信托基金的方式投资养老产业，可以在投资者、经营者之间建立信息共享机制和价值链条，这在国外已有成功经验。例如，REITs以发行受益凭证的方式募集投资基金，由专门投资机构进行房地产投资和经营管理，再将收益按比例分配给投资者。一些保险公司将保险基金投资REITs。例如，荷兰国际集团（ING）养老社区信托投资。ING依据REITs模式设立养老社区地产信托项目（Real Estate Community Living Group），主要投资于澳大利亚、加拿大、美国的老年社区及美国、新西兰的学生公寓等房地产。以美国地区为例，ING 投资在美国养老社区的资金占全部投资基金资产的 54%，涵盖了美国对养老社区有固定需求的 27 个地区。ING 委托经验丰富的 Chartwell 公司建立房地产信托基金，让该养老社区的受益凭证上市交易，而养老社区的管理和服务委托由 Horizon Bay 和 Ultimate Care 两所老年公寓管理机构具体运营。专业房地产开发商按照保险公司的要求建设养老社区，专业养老机构（或者保险公司开办的养老机构）运营，再将投资和运营收益按照一定比例分配给保险公司。

其次，以企业年金为标杆，打造养老资产受托人制度（见图 3-2）。企业年金是中国第一个符合信托内涵的、市场化运营的、合格的员工养老金福利计划。自 2005 年 8 月，第一批受托人管理机构获得牌照至今十多年来，企业年金资产规模已超过 8000 亿元人民币。尽管举步维艰，但企业年金计划的发展是健康的，得益于严格的市场准入退出制度，在中国这个尚不成熟的金融市场里，确保由最优秀的机构和人士管理企业年金，这是不容置疑的事实。中国养老金改革尚处十字路口，社会各界均比较敏感，企业年金成为市场化运营养老基金和释放财政压力的标杆。中国的企业年金制度设计，与 2005 年 4 月 28 日 OECD 理事会颁布的《OECD 企业年金治理准则》的核心原则几乎完全吻合，二者的共同特点是以"受托人"为核心建立责任制，这一点在我国相关法规和指引中得到了充分的体现。但是，经过十多年的实践和风控手段的发展，中国养老金受托人制度可以简化风控环节，如受托人应当直接承担账户管理人，具备条件的机构可以直接做资产托管人。待法治环境成熟时，取消资格审查，实行注册制的审慎人监管制度。

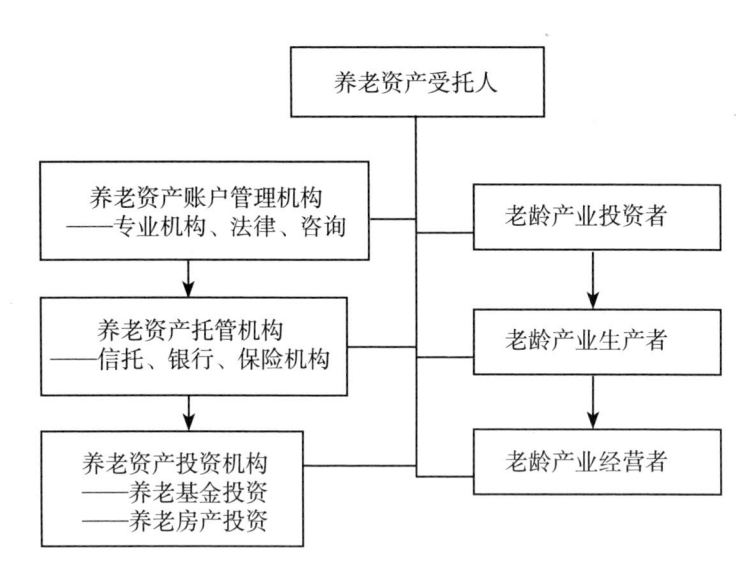

图 3-2 养老资产受托人的产业链接

（四）长寿风险与保险文化

利用保险机构管理长寿风险的产品。如健康保险、养老保险年金、老年护理保险、老年房产长寿基金，以及与上述产品结合的养老机构和养老社区等。在广泛的空间和时间范围内，在庞大人群中分散长寿风险，是最可行的路径和养老资产管理方式之一。

1. 养老保险年金

养老保险年金即指锁定用于养老的风险储蓄，加上可以分享的保险基金投资收益，抑制通货膨胀率，补充老年日常开支，用以改善老年生活，主要包括个人年金、雇主团体年金等。商业保险的养老年金属于个人养老金范畴，是公共养老金的补充。如果享有税收减免待遇，则属于准公共品与合格雇主计划的范畴，其覆盖的职工和居民的范围将被扩大，即第二支柱。养老保险年金与投资、银行储蓄、健康保险联结，更加具有管理长寿风险的功能，属于养老资产的一部分。例如，有些银行和保险公司联合生产的"福寿两全医疗保单"。再如，变额年金保险将保单利益（具有最低保单利益）与连续投资账户的投资单位价格相关联，兼顾了养老、投资、资产保底三个功能，符合养老资产管理的原则和客户偏好。

买养老保险兑换医养服务。近年来，泰康和太平等保险公司开发了购买医养服务的保险产品，将保费的内涵拓展到养老地产、养老房产、医养服务和日常开支四方面。这个产品的意义如下：①锁定养老资产，将购买养老服务的投资人群年龄提前到40岁、50岁人群，增加了养老积累和购买服务的能力；②将养老资产委托专业机构理财和享有团购医养服务的优势（价格、品种、品质等），既帮助客户克服了信息不对称的困难，又帮助客户实现资产增值的目标；③打造了金融、地产、医养服务老龄产业链条，形成龙头效应。

2. 老年护理保险

老年护理保险的产品范围包括日常护理、医疗护理、康复护理、保健护理等，还包括年护理保险、若干年护理保险和终生护理保险等。在中国，社会老年护理保险和商业老年护理保险发展滞后，目前则面临着两难的挑战：一方面伴随人口预期寿命的不断延长，老年护理需求不断增加；另一方面伴随劳动人口的减少，提供老年护理的人工成本将不断上涨，老年护理保险管理长寿风险的功能得到社会认同的同时，其成本也大大上升。美国自20世纪70年代即开始出现老年护理保险，1996年出台的《联邦健康保险法》规定了个人和雇主购买长期护理保险的税优待遇，老年护理保险得到推广。2002年，104家保险公司销售了90多万份长期护理保险单，市场份额达到人身保险市场的21%。截至2008年年底，600万美国居民购买长期护理保险，保额达到人寿保险市场的30%。同样，日本在进入超级老龄社会之前，于2000年由政府推动社会护理保险。一些国家具有成熟的养老社区，其对外国人开放的准入条件之一，即具有长期护理保险。

3. 以房养老需要建立长寿风险基金

在老龄社会必然出现"30年我养房，20年房养我"的文化。以房养老的理念不断丰富，其制度安排层出不穷，主要包括出租出售房屋养老、抵押房屋产权养老、与养老机构置换房产等。抵押房产养老是很多人的选择，受益人可以同时享有居住权和获取养老金。中国老年人的大多数有房产、缺资金，其购买高龄阶段护理服务的能力可能来自房产。但是，无论将老年人的房产抵押给银行或者政府，抵押金支付机构都要承担老年人的长寿风险。需要政府与保险公司合作，用财政补贴一部分房产残值或者趸交资金建立长寿风险基金，由保险公司支付超过平均寿命期间的养老金，由此提高房产残值和分担抵押金支付机构的风险。2014年3月，中国保监会下发《关于开展老年人住房反向抵押养老保险试点的指导意见（征求意见稿）》（简称《征求意见稿》），拟在北京、上海、广州和武汉四地开展为期两年的试点。当然，政府不能随意提供补贴，这类产品首先应当用于"高龄、失能、没钱、有房"的人群。

（五）养老资产与房产价值

在老龄社会，家家拥有一套住房十分重要，既解决安居乐业问题，又解决老年护理费用问题，即以房养老。以美国的以房养老政策为例，在1987年颁布实施《住宅与社会发展法》之后，居民住宅反向抵押养老金的计划趋于成熟，每月人均可获得2500元房产抵押养老金，用于购买老年服务：①资格。62岁以上拥有已付清按揭或欠按揭数目很少的自住房，不欠任何联邦债务（税、学生贷款等）；手续费为全部抵押款的2%。②估价与担保。由联邦政府担保，帮老人找借贷银行，计算公式由银行负责。美国房产部和贷方银行对申请者的住房进行3次估价，以最低估价为准。以老年夫妇中年轻的一位为准，参考利息率、房子价值等方面，给予相应的现金贷款；申请人年龄越大、房子价值越高、利息率越低、贷款额越高。借款人在世时，房子所有权为借款人所有；离世后，房子所有权归住房及城市发展部，该部把房子出售还清贷方银行款项后尚有盈余的，交给老人的遗产继承人；欠款由住房及城市发展部补足。可以选择终身年金方式每月定额取款，或选择不定方式取款，改变原定方式银行收取20美元手续费。例如，阿维利·山诺尔是退役的美国海军陆战队中校,退役后和妻子回到弗吉尼亚老家买了房子,因买房时间晚,到65岁退休时房子按揭还没付清。山诺尔知道政府有"反式房产抵押贷款"项目后,用抵押贷款偿还了全部按揭贷款,从此不再欠债,可以和妻子终身住在买下的房子里,还有抵押款每月1400美元,让老夫妻手头变得宽裕多了。这在发达国家被称为"30年我养房、20年房养我"的民生理财哲学。

就我国而言,根据全国老龄办2010年城乡老人调查数据,城镇老年人拥有自己产权住房的75.7%,房子属于子女的14.8%,租公房4.9%,租私房1.6%,其他占3.0%。农村拥有自己产权住房的为71.2%,房子属于子女的为26.4%,租公房0.2%,租私房0.4%,其他占1.8%。因此,可以说,我国目前的老龄人口没有足够的养老货币,但农村老人拥有宅基地,城市老职工拥有福利房产,在农村土地征用和城市改造过程中,应当备加保护他们的财产权益及其兑现方式,这是提高当前老龄人口收入和购买力的必要途径。

三、养老基金投资策略

养老基金必须保值增值,任何锁定账户长期积累的资产都具有保值增值的要求,包括住房公积金、养老金等。保值增值是受益人分享经济进步成果的体现,不仅属于投资问题,而且具有分配属性。

一方面,养老基金投资的永恒三分法。在投资时鸡蛋不要放在一个篮子里的道理已经人人皆知,但是放在哪些篮子里才能保值增值却是个无休止讨论的话题,需要与时俱进。永恒三分法是将高风险高收入、中等风险中等收入和低风险低收益的资产配置理念,从资本市场延伸到保值储蓄和实业投资。保值储蓄主要指购买国债和向银行要利息的收入。以美国为例,老遗残保障金(第一支柱,基本养老金)购买特种国债占比在95%以上。实业投资主要指培育养老基金的机构投资者,向有创新能力和增值空间的项目投资,让老龄人口直接分享经济进步的成果,这可能会导致政府税收和股东利益的部分损失。

此外，也有人建议，在资本市场不够成熟的条件下，另辟蹊径为养老基金提供投资收益担保机制。例如，美国和英国等国家成立了政策性担保公司，澳大利亚要求受托人为各类的养老金购买商业责任保险，新加坡、瑞士等国家要求养老金受托人承诺不低于4%的名义回报率，智利、波兰要求养老金受托人承诺不低于全行业平均收益率50%的业绩，阿根廷规定养老基金风险准备金的清偿顺序是超额投资收益、投资管理人自有资金、财政兜底。但是，投资收益担保机制是否会扭曲投资管理人的资产配置理念和能力，这需要非常科学化、精细化的收益保障指标设计。

另一方面，养老金与资本市场治理。资本市场的运营机制与养老金保值增值需求具有共同属性。资本市场以长期投资为主，为养老金提供了多种投资选择，可以实现养老金安全和稳健收益的目标；养老金入市可以支持资本市场形成长期投资理念和机制，二者相辅相成，互为成长的条件。

首先，养老基金进入资本市场势必改善资本市场。一是教育国民如何阅读信息披露报告，选择受托人和承担相应的风险。二是培育机构投资者，改变资本市场的参与者结构，带动资本市场的理性发展。三是扩大资本市场规模，养老金的长期投资有助于将储蓄资金转化为长期资本，支持资本市场发展。四是养老金追求长期稳健的投资回报，一旦成为资本市场的中坚力量，即具有稳定资本市场交易行为，引导健康的投资取向和货币流向，促进金融机构和资本市场的健康发展。五是趋于政治压力改善公司治理，一旦机构投资者的股东是人民，无论公司还是政府，都必须拿出100%的精力改善公司的治理结构，以求社会和谐。六是改变金融市场结构，伴随养老基金公司、养老保险公司，甚至养老房地产信托公司的发展，储蓄转化为资本，非银行机构比例增加，改变我国以银行间接融资为主的金融格局。

其次，资本市场改变养老资产结构。越来越丰富的事实在证明，资本市场具有改变老龄人口资产结构的功能。在市场年化投资回报率为5%的情况下，个人延税型养老储蓄年均缴费1.5万元，30年后可获得100万元养老金。其中，55%的收益来自市场投资收益，40%的收益来自个人储蓄，15%来自政府税收让利，这是一个综合治理的结果。

最后，养老金进入资本市场需要良好的治理。治理是利益相关人长期合作的规制和文化。在养老金市场中主要有四个利益相关人，即委托人、受托人、受益人和监管人，他们需要基于信托文化，就各自的权责利问题达成共识，即制定《养老金法》。在此基础上建立健全如下制度，打造养老金市场的风险链、价值链和文化链。一是严格的受托人准入退出制度，建立委托人和监管人责任机制，选择最优秀的专业机构和人才管理养老基金。二是建立健全信息披露制度，受托人就投资经理、基金规模、运营成本、投资收益等情况，定期向受益人及社会公布。三是审慎投资决策机制，起初鼓励委托专业机构代为决策，一旦进入个人决策阶段，就需要加强投资者教育，避免出现重大失误和显示公正的投资选择与投资合同，以及由此引起的民事纠纷。为此，要依法要求基金公司和经纪人定期简化和公布相关数据，便于投资者理解和比较；还要按照投资者的能力规定高风险投资的封顶线，以抑制投资风险。四是适应老龄社会的货币政策，稳定物价，将通货膨胀容忍度限制在合理区间内，与银行储蓄、保单保底利益挂钩；养老金投资的短期年化收益率应当高于保底收益的3%以上。五是科学的养老金投资策略，在股市投资、保值投资、政府债券和项目投资之间进行组合，在经济发展的不同阶段，在三者之间进行选择，特别是在经济波动较大和遇到金融危机时，投资具有收益保证的公共设施和固定资产项目是必要的。2008年金融海啸之后，养老基金损失了18%左右，此后全球经济并未明显复苏，但全球养老基金规模达到33万亿美元，高于2007年的31万亿美元。养老基金复苏的实施证明，国家有责任和能力保证养老金长期投资保值并增值，使其成为"长钱"。

第二节 用"长钱"去杠杆

"去杠杆"是近年来在我国讨论比较多的一个议题。确实，中国杠杆率相当高，目前总的杠杆率在250%，其中企业杠杆率约为130%，已经是全球最高之一。对于"去杠杆"而言，其重要的问题之一就是钱从哪里来？通常来讲，经济有四个部门——政府部门是负债的；金融部门的杠杆率是有限的，它的净资产也是相对少的，是受到金融监管的；企业部门杠杆率比较高。哪个部门有钱呢？是居民部门有钱。全球都是如此，居民部门的财富远远超过了企业部门的财富，这是近20年以来发生的意想不到的重大现象。

"去杠杆"的关键是补充资本金，补充资本金就一定要通过一个渠道，把居民的财富和储蓄率注入实体经济中并变为资本金，这里说的是实体经济的资本金而不是银行资本金。现在经济学更多的是研究杠杆、研究信用风险，比如说伯南克的金融加速器等折价文章，但是对如何补充实体经济资本金缺乏深入的研究。目前在经济总量增大的基础上，如何给实体经济补充资本金，这方面的研究还不足。

我们说家庭部门有钱，但是归结到家庭或者居民个人行为，他能不能有效地把他的储蓄率和财富补充到实体经济的资本金呢？个人行为学的研究成果中，一个重要的结论是，个人行为对模糊性的或不确定性的规避。这样的情况下，对于股权融资做一个比较模糊的收益率，风险相对来说是比较大的，比债权大，从个人行为来说一般会选择债权融资。

一般来说，在没有养老配置需求的时候，居民的家庭资产负债表能够配置在股权融资上的一般只有10%左右，很难再提高。个人更多的配置股权是做不到的，所以如果股权是10%，那就意味着90%将来是债权，这表明本来个人配置的时候是鼓励金融机构或者是实体经济在加杠杆，提供的是债权产品，经过了银行体系生成了债权。所以，怎样把居民的财富和高储蓄率有效转化为更多的股权融资配置，这是一个非常重要的话题。

做一个猜想，凡是没有养老金融配置的经济体，它的杠杆率都是比较高的。凡是没有养老金融做得很好的经济体杠杆率都是比较高的，为什么呢？因为个人要配置这样一种金融资产，个人最大的需求是养老，因此怎么样把个人最大需求的痛点结合到股权融资上来，只有通过养老这一最主要的渠道才能做到。

这就是我们所说的"长钱"，作者认为没有养老金融就没有长钱，没有长钱杠杆率必高。作者在本书中把个人这样一个人性的弱点和人类行为学的规律性以及实体经济的迫切需求结合在一起，发现唯一的解决办法是通过养老金融。

为落实中央供给侧改革，我国可以通过国有资产调整、债转优先股和贷转债开展中国式去杠杆。今天，在面临人口老龄化的严峻挑战下，我们提出发展养老金第三支柱。据预测，我国的老龄化正在日趋严重，老龄化上升速度非常快，65岁的老人在迅速增加，在2030年老龄人口将会达到8000万人，于2035年进入超老龄社会，80岁以上人口将近8000万人，占总人口的比重将达到5%，老年人尿片数量将超过婴儿尿片数量，跟日本现在的情况一样。到2049年，我国每3个人中有1个是老人，超老龄社会将成为我国人口结构的新常态，而且这种趋势是挡不住的。人口老龄化的加剧，不仅是目前我国经济发展逐渐减速的重要原因，而且老龄化还会给我国的养老金体系带来诸多挑战。发展养老金第三支柱一方面可以缓解目前养老资金压力，另一方面还可以发挥其去杠杆的作用。

一、第三支柱发展失衡

个人的痛点在于养老需求，养老需求怎么办？实际上我国养老金制度的顶层设计是非常不错的，即设计了一个三支柱的养老金体系。第一支柱是基本养老，第二支柱是职业或者企业年金，还有第三支柱——个人账户。据最近的报道，我国第一支柱有6个省已经收不敷出，主要是在东三省。第二支柱做了10年，累积余额不到

1万亿元。因此，我们面临这一迅速的老龄化，将来怎么养老？解决这个问题主要还是在第三支柱，这才是我们的主场。

现在在我国老龄社会背景下，养老资金压力非常严峻，完善养老金体系是非常重要的应对之道。然而，当前我国养老金体系发展并不完善。跟OECD成员国比较来说，其第二和第三支柱养老金积累平均值是占GDP的80%左右，而我国是5%，非常低。根据波士顿咨询公司所作的全球和中国资本市场的一个比较，就全球而言，养老金占GDP的比重大约为35%，而我国是5%。所以，在中国养老金进入资本市场的主要问题，还是在于养老的渠道没有打通，就是老百姓对养老金融的巨大需求并没有与之相适应的投融资渠道，养老金难以顺畅流到养老市场里或者资本市场里面去，这就是我们的痛点。比较中美两国的养老规模，我国还是第一支柱占比比较高，企业年金累积10年才不到1万亿元，第三支柱还是零，还没做起来。而美国在大萧条以后首先是建立了基本养老体系，"二战"以后发展了401k计划（一种由雇员、雇主共同缴费建立起来的完全基金式的养老保险制度，是指美国1978年《国内税收法》新增的第401条k项条款的规定），1974年建立了个人养老账户。但当时个人养老金没有想到会超过第二支柱，尼克松总统宣布第三支柱的时候，也没有想到。因此，可以这样说，将来中国的三支柱里第三支柱一定会超过第二支柱的。为什么？我国在经济新常态下经济是呈L形增长，企业利润是有限的，所以主要还是看第三支柱。这就说明一定要有"长钱"去杠杆。

但是，我们过去主要依靠"保基本"第一支柱，但再过20年，伴随着老龄化的进一步加深，原有的养老金体系会面临着诸多挑战，迫切需要完善多支柱的养老金体系。很重要的一点是，我们不够的地方在哪里？怎么不够？根据BCG2020中国资产管理模型预测，与全球相比，其他的资产管理方面都很合适，唯独在养老部分还存在较大差距，中国养老资产是5%，全球是35%。为什么中国拥有高储蓄率而养老金差别却这么大？很重要的一点是，要把养老作为一个新的资产类别，让老百姓储蓄时不光有股票、债券、银行储蓄，还有一些银行理财、养老资产。养老作为新的资产类别，这是迫在眉睫的。要让老百姓知道养老资产有多少收益，这很重要，也是需要教育的。中国养老金的问题出在哪里？主要出在第三支柱，主要是这个池子水不通，迫切需要完善。

现如今，中国正在加速进入超老龄社会，养老金融是解决我国养老资金缺口的重要手段，养老金融前景巨大，需要科学审慎的配置。养老金的投资转化为"长钱"是中国去杠杆的重要驱动力，或者说是主要来源。我们做一个测算，中国的人口结构和日本的人口结构相似，假如说按日本的家庭资产负债表来比一下，它基本配置在债券10%，股票10%，存款50%，养老占30%；我国在2020年GDP总量会逼近100万亿元，家庭金融资产大约在200万亿元，如果按这样的配置30%用于养老，这就是60万亿元，60万亿元中我们假设第三支柱有40万亿元，40万亿元中通过专业的运营养老机构进行配置，这就是养老金第三支柱的个人账户配置，至少配置20%进入股权市场就有8万亿元。我们现在讨论了很多的养老金入市，包括社保基金的余额2万亿元，如果30%的入市才6000亿元。所以养老金入市往往被过度关注了，实际上它没有多少钱。吸引MSCI加入后也顶多不到1万亿元，但是只要把第三支柱做好了，配置20%进入股权融资市场，就是8万亿元，这还是低估的。而全球的养老配置远远高于20%，很多北欧国家在50%左右。

我们一定要回避自己的弱点，发挥优势。我们的优势在于我们的资本市场做得还是很好的，机构做得也是很不错的，需要把机构和资本市场之间的渠道挖通。8万亿元如果能够以审慎的资产配置方式进入长钱帮助我们去杠杆（特别注意这里是提倡第三支柱养老金以科学、综合、审慎的形式，适当配置在股权融资中），那么怎么来做到这一点，也是供给侧改革的重要一部分。因为去杠杆，关键是个人所得税的改革。

二、税收提前优惠是第三支柱发展最大动力

第一支柱主要是保基本，属于国家强制性质并且由国家财政兜底，即使2030年出现缺口，也是可以弥补的；第二支柱，以前就是提高待遇水平，只有一些企业做了。但是，当经济进入新常态后，不少企业利润下降，企业面临相对较大的资金压力。在现实背景下，关键是要把"水"引入第三支柱，秉承"政府税收优惠、个人自愿参加，市场化运作"原则执行。

第一支柱只是保基本，替代率为40%~50%，第二支柱未来替代率可能占到10%，第三支柱替代率可能占到20%以上，将来主要是做实第三支柱。而谈到自愿性个人税延养老金，税收递延优惠是第三支柱发展的最大动力。截至2014年年底，美国IRA计划（个人账户退休账户计划）资产规模已经达到7.4万亿美元，占GDP的42%，远超过401k计划的4.57万亿美元。美国第三支柱超过第二支柱了，所以国家采取的措施是采取税收递延等激励措施，鼓励个人为养老进行储蓄，建立合理投资机制，实现个人养老金资产保值增值。因此，养老金融特别是第三支柱，可能是资产管理行业的下一个风口。预计到2020年，我国GDP将达到100万亿元，家庭金融资产200万亿元，第三支柱养老金资产可能达到20万亿元。按照国际上的资产配置比例，家庭金融资产中大约有1/4配置到养老。如果第三支柱养老金资产在20万亿元左右，其配置进股权的份额比个人配置更多一些（占20%），约是4万亿元，也是一个很大的数目。将来能够进入股市以及股权融资领域的，主要还是第三支柱，因为个人配置只有10%进入股市，个人风险是比较大的。美国家庭财富进股权的可能是30%多，日本长期以来就是10%，中国保守估计也将是10%。

养老金体系构建过程中，个人所得税是非常重要的关键环节。个人所得税怎么来改？我们是处于改革的关键契机，怎么改呢？党的十八届三中全会明确了个人所得税改革，采取综合与分类相结合的模式。这一定要把我们面临的老龄化去杠杆和个税改革结合起来，如果这个时机错过了，可能五年之后还要进行个税改革、个税

的法案改革。十年之后我们就更老了，再二十年之后就不一定来得及了，所以时机特别重要。

我们建议采取一种新的方式，直接用所得税抵扣8%。因为我们最高边际税率45%，在全球是相当高的，达到了北欧的水平。如果不动最高边际税率，凡是做个人账户的，那就抵扣8%，所有的税率档次一律抵扣8%。那么事实上是减税，同时豁免进入个人账户的资本利得税。这样的话测算一下，就是将来第一支柱保基本40%替代率，第二支柱10%替代率，第三支柱30%。将来我们如果能达到80%，就超过经合组织的75%的标准，所以我们的退休生活会比较幸福。一半靠国家，靠第一支柱，剩下的一半主要靠第三支柱，还有一些靠单位。我们测算一下税收抵扣，如果按现在来做，一个新人刚工作，25岁，如果给他一个税收抵扣，他工作到65岁，要缴费40年，每个月交1000元，到退休的时候在他的个人账户中拿到多少钱；另外一个中人，比如45岁，工作到65岁，还有20年，每个月要允许补交2000元；还有一个老人，即将退休的，比如55岁，要允许他补交3000元，都是可以允许补交的，当然有个限额。

如果按第三支柱的收益率是4%（这个相对比较低），就是十年期国债加100个基点来测算，大家算算是多少钱？新人如果每个月交1000元，账户未来余额是118万元。它的增值部分是将近60%，所以退休的时候领3000元是没有问题的；如果是中人交240个月，他交2000元，将来退休是73万元，领3000元也没问题；老人交120个月，允许他多交3000元，所以到时候是44万元，也是没问题的。所以只要有这个账户建立，它就能够保证30%的替代率。

这个是非常重要的，所以第三支柱个人账户早建比晚建好，而且要允许中人补交，老人多交，同时要有个设计限额，不能说有钱人就多交，多交以后又免税，整个又促使社会不公正，这也不行的。还是要有个上限，下面允许不同年龄段的补交。

可以说，建立个人账户能起到"一石三鸟"的效果：完善我国的养老体系；通过税前抵扣降低个人税负；激励主动报税，培养纳税习惯，有助于个人完善所得税。

目前，我们交个人所得税的可能还不到一亿人，交社保的大约3.5亿人，如果把第三支柱放进去了，有一个抵扣，必然交所得税，所以抵扣8%，实际上牺牲了一点儿小钱，但是税基在扩大，个人所得税的总税额增加是大概率事件，因为更多的人愿意交这个，这是老百姓最大的需求，就是养老，而且培养了很好的纳税习惯，同时为去杠杆提供一个思路和方法。这是一个增量去杠杆。

目前，个人储蓄这么高，而且个人的财富逐渐增长，那么如何转化成实体经济的资本金、打造长钱，只有或者说更主要的是要通过养老金融，主要是第三支柱的个人账户。

第三支柱的发展关键是要结合个税改革，而个税改革到了关键阶段。据新闻报道，比如有些老年人赡养的抵扣，可能还有一些房子按揭的抵扣，可能还有教育抵扣，这些都非常好，还应该加一项就是个人账户的税前抵扣或者延迟，这个是机制性的东西，能够建立一个源源不断的活水，源源不断的长钱帮着我们去杠杆。

我国现在处于个税改革的一个关键节点上，面临着老龄化和超老龄社会来临的关键节点上，在落实中央的供给侧结构性改革的关键节点上，而这些关键节点的目标是把我国的实体经济发展好，关键是要去杠杆，怎么来去杠杆。作者认为主要或者说可能唯一的增量办法就是做好第三支柱的个人账户，打造"长钱"。

所以在这样一个改革的契机中，作者觉得特别需要落实"及时、科学、综合"，及时是第一位的，需要每个人都行动起来。

三、养老金资产是中国去杠杆的主要驱动力

养老金资产是"长钱"，这才是中国去杠杆的主要驱动力。救命的稻草还是要靠自己，主要靠养老金资产，不一定是靠加入MSCI。第三支柱合理审慎配置并进入股权融资，就能去杠杆。个人所得税改革几十年了，年轻人知道交多少税，有体验，但是退休以后要交多少，对EET没有体验，没有体验就没法刺激，所以作者建议采

取阶段性的税前抵扣,只要进入个人账户,先维持10年左右时间的市场培育期,逐渐老百姓都习惯了。否则,大家弄不清楚EET,自然不知道怎么办。

第三支柱强调个人账户,更多突出个人养老责任和意愿,可以有"税优"机制或"延税"机制,个人养老账户不仅可以实现保险保障目的,也兼备家庭资产管理和配置的功能。还有,资本化的个人账户在资本市场是"长钱",所以A股市场不成熟的重要问题,就是散户多,一旦把这个事情做起来,资金注入实体经济,才能发挥中国的优势,而且这样做风险有限。

总的来说,发展第三支柱个人养老金是去杠杆刻不容缓的战略举措,希望得到经济学界以及全社会的广泛关注与支持。

第三节 个税改革打通第三支柱养老发展之路

养老体系发展存在较强的路径依赖,因此顶层设计非常重要。早在20年前,我国已经提出了比较好的顶层设计,即"养老三支柱":第一支柱是国家强制实施的基本养老金,主要是社会统筹"保基本",防止老年贫困;第二支柱是职业年金;第三支柱是个人养老账户。这三支柱体系具有五大优势,一是有助于应对老龄化风险,减少养老金缺口。二是厘清政府和市场关系。这是由于第三支柱强调个人账户,突出了个人的养老责任。三是有助于实现再分配性与激励性的兼容。四是重视投资增值,实现个人养老责任和收益的良好互动。五是政策成本相对较小。近年来,我国学界、政策讨论的养老体制改革重点多是第一支柱,包括国有资产收益划拨社保、延迟退休等措施。未来,我国应将注意力转移到第三支柱,力争"养老三支柱"总替代率达到80%,超过目前OECD国家75%的水平,形成"4-1-3"的分布格局(第一支柱替代率40%,第二支柱替代率10%,第三支柱替代率30%),保障人民群众退休后的生活水平跟在职的时候基本没有太大的差别，安享幸福的晚年。

一、个税是个人养老金发展的动力

税收递延优惠是个人养老金发展的最大动力，也是世界各国通行做法。其中，有税收递延（主要是 EET）的模式，一般允许参加者缴纳个人所得税前向个人养老金账户缴费，同时这些资金的投资运营阶段的收益也暂不征税，直到从个人养老金中领取再进行税收征缴。也有税收抵扣的模式，即在一定时期内，通过税前抵扣的方式允许参加者在一定比例或限额内向个人养老金账户缴费而免征个人所得税，以鼓励和推动第三支柱发展。

根据我国税收征缴的实际情况，民众对税收递延的认知可能有限，税收抵扣将是更具吸引力的选择。应该指出的是，享受税收优惠的个人养老金的对象是全体公民个人，并且，对没有享受到职业养老金（第二支柱）税收优惠的公民给予更多的优惠。此外，存放在个人账户的资金还可以投向各类金融产品，政府鼓励银行、基金、保险等金融机构，开发适合不同人群的投资产品，展开竞争，供拥有个人养老账户的公民自主选择。

发展个人养老金的关键是以账户为基础的税收优惠政策。目前，我国个税改革已经启动，应抓住当前有利的时间窗口，在综合性个税改革中统筹考虑个人养老金的税收优惠政策，确定优惠额度。这项工作已经迫在眉睫，应当引起高度重视。此外，需要指出的是，不应将第三支柱的税收优惠视为单一的行业性政策单兵突进，而应该从改善我国养老金体系结构，实现可持续发展的大局出发，统筹考虑财政、税收、银行、基金、保险等多方面因素，做好个人养老金制度的顶层设计，才能保证相关政策落到实处，提高国民自我养老保障能力，增进国民养老保障福祉。

二、个税存在的问题及其改革的总体思路

就我国而言，个人养老金有助于化解公众对第一支柱公共养老金待遇水平增长的预期压力，减轻政府财政负担，更好应对老龄化；弥补职业养老金覆盖范围过小的缺失；推进薪酬收入透明化，通过税优，逐步厘清个人薪酬状况，做实公共养老金缴费基数，降低公共养老金缴费率；变"短钱"为"长钱"，促进资本市场建设；公民参与其个人养老金的投资决策将成为最好的资本市场教育工具，从长远看，公民金融素养的提升对于资本市场的健康发展十分有利。因此，我们应该加快个税改革步伐，助力个人养老金发展，破解老龄化问题。

（一）现行个税税制与实践存在的主要问题

理论上，个人所得税是调节收入分配最有力的政策工具。然而，我国个人所得税未能实现原本设想的调节收入差距的作用，甚至可以说个税调节起了反效果。主要原因如下。

首先，分类征收损害了税制的公平性。我国个税的覆盖面偏低。据统计，我国参加社保的大概有5亿人，缴纳个税的群体大约是2800万人，说明真正交个税的人数在总人口和工作人口中都太低。

一是分类税制、源泉扣缴，为高收入群体避税提供了便利，容易造成高收入群体税款流失。我国个税现行的分类制，采用正列举法把征税对象分为11类，主要采取源泉扣缴的方式。随着经济发展和个人收入水平提高，高收入群体的收入来源多元化，大量的隐性收入未列入被征税项目之列。在我国社会信用体系建设不完善的情况下，税务部门缺乏对高收入群体的监管措施，致使税源流失严重。

二是我国主要是工薪阶层在纳税，个税几乎可以等同于"工资税"。2017年，我国11966多亿元的个税中，以劳动收入为主的中低收入阶层，贡献度高达65%（工资薪金所得个税收入占所有个税收入约七成），而在发达国家，中低收入者个税贡献

率一般不足 30%。

三是分类税制下，不同类别收入采取不同税率，不符合税收的横向公平原则。目前，工薪收入适用累进税制，名义税率 10%~45%；资产性收入适用 20% 的单一税率，甚至有些收入可以通过税务规划合法避税，获得 5%~10% 的低税率。相比之下，劳动性报酬的税率大大高于资产性收入。

由于拿工资劳动者的收入充分透明，所以只能老老实实按照高名义税率缴纳。结果是，高收入群体的税收不到，而中低收入阶层成为主要负税群体，这明显与个税创立之初"收入调节"目标不符。横向的不公平，不仅打击了以工薪收入为主阶层的工作积极性，也在某种程度上激励逃税漏税，因而加大了税收征管成本，带来了经济效率和行政效率双重损失。

其次，费用扣除标准严重偏低，并且规则过于简单。个人所得税的税基应该是纳税人的净所得而不是毛所得。然而，我国现行费用扣除标准偏低，经过多次调整，每月的扣除额仅为 5000 元。费用扣除规则过于简单，对纳税义务人的工资、薪金所得实行一刀切的扣除办法，没有考虑相关的影响负税能力的因素。

没有充分反映基本生活支出费用的水平。一是没有考虑纳税义务人的住房、养老、失业等因素，也不考虑纳税义务人赡养人口的多寡、婚姻状况、健康状况、年龄大小甚至残疾以及地区差异等情况；二是对个税扣除标准缺乏动态管理，没有与物价指数、平均工资水平的上升实行挂钩，扣除标准调整跟不上物价上涨速度，已经低于一些地区城镇居民的月生活支出水平。

没有考虑居民收入和基本生活支出水平的地方不平衡性。我国存在着地区经济发展不平衡的现实问题，东部与西部之间、大城市与中小城镇之间、同规模的城镇之间都存在着明显的差别，如果费用扣除全国统一，必然使费用高地区的纳税人的费用得不到全部减除。

没有考虑收入来源结构对负税水平的影响，不符合"量能课税"原则。在同等收入水平下，所得来源多的综合收入由于扣除项目多而缴较少的税收，所得来源单一的收入由于扣除项目少而缴相对多的税收；收入来源丰富但不在法定范围内而综合收入高的富人群体可以缴纳较少的税甚至可以不缴税，而综合收入较少、来源比较常规和单一的工薪阶层反而要缴纳更多的税款。

最后，边际税率过高。我国个税的边际税率最高可达 45%，以薪酬作为主要收入的金融业高管收入大打打折，不少人纳税比例可能超过 40%。这极易产生以下不良后果，即对纳税人会产生逃税激励，不利于增加劳动供给和吸引高端人才等。

对纳税人产生逃税的激励。研究表明，逃税比例与税率正相关，即税率越高逃税的概率越大。实际数据也显示，我国的个税纳税数量仅 2800 万人左右，占全部人口比例的 2% 多一点，远低于美国 55% 的水平。降低税率将有利于扩大税基（征税覆盖面），增加税收收入。

不利于增加劳动供给。我国人口年龄结构变化导致劳动力供应紧张已经是经济学界的基本共识。同时，劳动力从农业部门向工业服务业部门的转移基本结束，未来继续提高劳动参与率的空间非常小。因此，要避免税收对劳动供给产生负向激励，加剧劳动力市场供应的紧张程度，推进个税改革不能以伤害普通劳动者的积极性为代价。

不利于吸引高端人才，影响建设金融强国的战略目标。经验丰富的金融专业人士是所有金融中心的命脉，建设金融强国需要对高端人才给予税收优惠政策。相比而言，我国香港的个税税率仅为 15%，新加坡最高税率则不超过 20%。这种状况极大削弱了我国对高端金融人才的吸引力，不利于建设国际金融中心。

（二）我国个税改革总体思路

我国个税改革的总体思路应该是提高综合征收程度，尽量避免损害经济效率。"减税降费"是财政政策支持供给侧结构性改革的重要内容。目前，对通过减税降低企业成本的声音比较多，实际上居民部门的个人所得税也应该降低，这是"里根经济学"的成功经验。20 世纪七八十年代，宏观经济衰退促使各国的所得税制度从以公平为导向转向以效率为导向,从而希望通过税收制度的变革使经济走出低迷。在我国当前的社会经济条件下,个税改革重点不是组织财政收入,而是通过综合征收、提高抵扣标准调节收入分配,增加中低收入群体的可支配收入;同时要参照国际上个税改革的共同趋势,降低税率,建设轻税负国家,尽量减少个税改革对劳动、资本、技术的负面冲击,鼓励劳动,打造创新型国家。

一是综合与分类相结合,偏向综合,分类为辅,调节收入分配。一方面,综合计征才能把富人的收入纳入征管范围,扩大税基,更好地调节收入分配。从国际经验来看,美国法制健全,在综合计征方面做得很好。中国正在建设法治型国家,将来一定有条件走向综合计征。另一方面,在实行全面的综合计征之前,可以先将个人收入分为3类"小综合":劳动收入、资本性收入、知识经济收入。此外,费用扣除应该与家庭征收脱钩处理,增加抵扣项目和抵扣规模,照顾中低收入群体。比如,房贷按揭,生育二孩,赡养老人及医疗支出等居民生活成本,都作为税前抵扣项目。

二是简并税率档次,降低税率,避免负面冲击。随着中国融入世界程度越来越深,资本和人员的跨境流动更为自由和频繁。同时,世界各国经济联系日益紧密,资本、人才、技术、信息的竞争日益激烈。总体来看,国际间税收竞争因素也因此存在着强化的趋势。所以,我国个税税制设计必须参照全球化背景下税制改革的大体趋势,降低税率,建设轻税负的国家,避免富人及资本外逃避税,使中国在资本、人才等国际竞争中处于有利地位。①简并税率档次,从7档减少为5档。②降低税率,培育纳税意识,鼓励诚实纳税,扩大税基。将劳动的最高边际税率从45%降到20%,与目前的资本收入税率持平。或者将累进税制改为实行20%的单一税率(单一税率制度下也要设定免征额,因而有一定的累进性)。资本收入的税率维持在20%,同时与知识产权转让相关的所得,税率降为10%,建设创新型国家。

三是征管操作上以自我申报为主,辅以有威慑力的抽查制度。通过建设个人收入与财产信息系统加强个税征管的思路有误,真的实施起来不利于保护个人信息和隐私,而且操作成本很大、难以推进,以它作为完善个税税制(综合征收、增加抵扣、家庭申报）的前提条件会延误改革进程。建议以自我申报为主，同时加大抽查力度。美国的经验表明，针对个人收入状况和纳税情况实行抽查制度的效果很好，值得中国学习。

三、个税改革助力养老第三支柱发展

我国个人所得税制度改革是发展养老第三支柱的有利契机。国际经验表明，第三支柱的发展主要是采取税收抵扣鼓励个人自愿参加，以及市场化运作。

目前，个税已在人大审议，这是制定第三支柱个人税前抵扣或者税收递延政策的机遇窗口。我们应在个税改革中努力加入设置激励性政策，提高个人养老账户参与率，撬动个人养老金制度（第三支柱）的发展。由于纳税群体有限，很多人不清楚 EET 的好处，而且对大多数人来说 EET 太复杂。在税收递延和税前扣除之间，我们建议采取税前扣除的方法，这样可能政策效果更好。

设定三类人群：新人，25 岁左右，每月缴费 1000 元；中人，45 岁左右，每月缴费 2000 元；老人，55 岁，每月缴 3000 元。如果退休年龄是 65 岁，那么新人需要交 40 年；中人需要交 20 年；老人需要交 10 年。按照 4% 的回报率估算，结果比较乐观。到 65 岁退休时，新人的退休账户是 118 万元，资产增长是 59%。中人的退休账户是 73 万元，增长率是 35%。老人的退休账户有 44 万元，增幅是 20%。所以，早建第三支柱账户比晚建好，鼓励新人早交、中人多交、老人补交，实现第三支柱养老金 30% 的替代率。

推出自愿性个人税优养老金计划，发展养老体系第三支柱，有"一石三鸟"的政策效果。一是强调了个人的养老责任，实现了个人养老责任和收益的良好互动。二是增加个人所得税总纳税规模。无论支持第三支柱发展的个人所得税优惠政策是税收递延还是税前抵扣，事实上都降低了个税税率。由于税收激励相容，会培养我们的纳税习惯，会有更多的人纳税，纳税覆盖面扩大的结果是国家个人所得税收入

规模不降反增。三是储蓄性养老转向投资性养老，用"长钱"支持"去杠杆"。目前，我国的总杠杆率高企，全社会总杠杆率为249%。主要是企业的杠杆高，达到166%，超过警戒线76.3个百分点。从去杠杆的政策空间看，政府部门的财政赤字率已经达到3%，加杠杆的空间不大，企业部门的负债率已经很高，只有家庭部门有钱。

通过个税优惠政策撬动第三支柱的发展，将家庭部门的短期储蓄变成"长钱"，将有效支持去杠杆。据估算，如果2020年我国GDP达到100万亿元，家庭金融资产将达到200万亿元。按照家庭资产负债表的结构，30%的家庭资产将用于养老，因此养老资金规模大概为60万亿元。其中第三支柱个人账户留存的资金约为40万亿元。那么交给专业机构进行运营，如果配置20%进入股权融资市场，则资金约有8万亿元。只要科学、综合、审慎地将其配置在股权融资中，可以形成"长钱"，实现养老基金"长钱"和企业股权融资的期限的匹配，是企业部门去杠杆的重要驱动力。这样才能保证中国经济长期繁荣，我们的老龄生活富足美满。

第四章

长钱的保值增值

第一节 美国养老金入市的"点金之术"

人口老龄化是 21 世纪最重要的人口现象和社会现象之一,并对经济社会发展产生越来越重要的影响。根据联合国的统计资料,2017 年全球 60 岁及以上的人口为 9.62 亿人,占总人口的 13%,预计到 2050 年,全球 60 岁及以上的人口将达到 21 亿人,所占比例将增至 21.4%,占全球总人口的 1/5。由于社会、经济等综合因素的影响,人口老龄化也将成为发展中国家的一个主要问题,预计发展中国家 21 世纪上半叶人口将迅速老龄化。当前,中国人口老龄化也正在呈现加速发展的态势,根据"中国养老金融 50 人论坛"宏观模型的定义,超老龄社会的基本特征是:年龄超过 80 岁以上的老人占总人口比例达到或超过 5%。根据该模型的统计和预测,中国将在 2030—2035 年达到超老龄社会。为迎接老龄社会的到来,我们应该从战略角度对养老金融做出长期计划。我国已步入人口老龄化社会,国家高层推动养老体系建设的步伐明显加快,顶层设计逐步完善。从全球范围来看,养老金投资入市既是发展潮流,也是不可阻挡的历史趋势。它山之石,可以攻玉,加强向美国借鉴学习,有着十分重要的启示意义。

一、养老金市场化运营是实现保值增值的可行途径

养老金体系关乎一国的国民福利、代际公平、社会稳定及经济发展。而随着我国人口老龄化程度的持续加深,养老金体系之于经济社会的影响显得愈发明显和深远。由于起步较晚,我国的养老金体系存在着诸多不足,基本养老保险基金的长期贬值缩水即是其主要问题之一。基本养老保险基金的筹措和管理由政府主导,是我国养老金的主要构成部分;受制于相关的法律法规和我国资本市场的实际情况,其当前的投资形式仅限于存入银行和购买国债两种。银行存款和国债的风险虽然很低,但其收益率亦相应较低,再加之我国近年来持续的通货膨胀态势,使得基本养老保险基金面临着严重的缩水问题。以发达国家的经验来看,对养老金进行市场化运营是实现养老金保值增值的可行途径。一方面,养老金递延支付的特征使得其投资具有长期属性,而长期投资则意味着注重成长性的价值投资;另一方面,相较于中国,发达国家的资本市场往往更为健全、养老金计划更为多样、政府监管更为合理。因而,具有长期投资属性的养老金得以利用资本市场来分享经济发展成果,从而实现其保值增值。

在实现了养老金市场化运营的国家中,美国的养老金运作较为成功。美国的养老金体系由三大支柱构成,即联邦政府强制社会养老金计划、雇主养老金计划和个人储蓄养老金计划。其中,联邦政府强制社会养老金计划由政府强制主导,而私人部门的雇主养老金计划和个人储蓄养老金计划则具有私人性质;并且,这两者构成了美国养老金资产的主要来源。

换言之,美国养老金的主体是私人养老金,这使得养老金的市场化运作成为一种自然和必然的选择。一方面,规模庞大的进入资本市场以寻求保值增值的养老金

极大地充实了美国资本市场,丰富了金融产品,壮大了机构投资者;另一方面,因入市养老金而更为稳定、健全的资本市场反过来又促进了养老金的保值和增值。

二、美国养老金投资运营实践经验

(一)经历了三个阶段的历史进程

回顾美国的养老金历史进程,大致可划分为三个阶段。一是早期发展阶段(1875—1935年)。1875年,美国运通公司建立了世界上第一个正式的养老金计划,初步形成了养老金的基本雏形。随后,雇主资助养老金方案的愿望开始升温,多数铁路、煤气电气、煤矿石油、银行公司开始建立正式的雇员养老金计划。二是快速成长阶段(1935—1974年)。1935年,美国颁发《社会保障法》,社会强制保障、税收优惠、平等公开等措施逐步推行,养老金规模快速积累。1950年,通用汽车率先决定通过信托方式将养老金投向资本市场,并迅速被大量企业效仿,养老金开始大规模投向资本市场。三是成熟阶段(1974年至今)。1974年,美国颁发《雇员退休收入保障法》,美国版IRA应运而生,提高了福利享受公平度,并成为近几十年养老金增长的核心动力。1981年,美国《国内税收法》401k、403b及457条款中明确规定政府机构、企业及非营利组织等不同类型雇主,为雇员建立积累制养老金账户可以享受税收优惠政策,进一步促进了养老金的增长,缴费确定DC型模式逐步成为主流。

(二)构建了灵活且富有弹性的三支柱体系

经过多年的探索实践,美国构建了典型的、灵活且富有弹性的三支柱养老金体系。第一支柱是联邦公共养老金,即老年、遗属及残障保险计划(OASDI)。第二支柱是职业养老金,主要包括针对企业雇员的401k计划、非营利组织雇员的403b计划，及针对政府雇员的 457 计划。第三支柱是自愿性个人养老金，主要包括 IRA，及其他个人补充养老计划。

美国的养老金储备富可敌国。根据 Towers Watson 统计数据，截至 2017 年年末，美国养老金共 28.2 万亿美元（为中国的几十倍），多年稳居全球首位；占 GDP 比例约为 150%，仅次于荷兰。从结构来看，第一支柱虽然处于基础性地位，在联邦政府层面进行全国统筹，覆盖全国 96% 的就业人口，并以税收的形式强制征收，但由于费率较低等原因，在三大支柱中占比仅 15%，第二、第三支柱占据绝对主体地位，与我国形成了明显反差。

（三）为资本市场中的主力资金

"一战"后，受自由贸易、低通胀等因素推动，美国经济蓬勃发展，大量散户参与资本市场，史称"咆哮的 20 年代"。"二战"后，美国经济进入黄金发展期，就业情况明显改善，雇员积极参加雇主或者由多方支持的私人养老金计划，以养老基金为首的机构投资者逐步得到发展。

在过去的 30 多年里，养老金已成为美国股市中的最大机构投资者，资金规模占据了半壁江山。正如德鲁克所述，正是通过养老金制度，美国普通工人和居民间接持有了美国一大半以上的企业股权，美国悄然实现了"从资本家的资本主义"向"人民的资本主义"的深刻转变。

（四）股票市场投资占比较高

美国的养老金投资范围与我国存在差异。美国的养老金第一支柱（OASDI）主要投向特别政府债券，此政府债券由美国政府量身订做并本息全额担保，而我国的基本养老保险基金、全国社会保障基金均可投向股市。美国的第二、第三支柱主要投向资本市场，其中股票投资占比约 44%，比重远高于债券投资。而根据政策规定，我国第二支柱的企业年金投向股市比例不得超过 30%，第三支柱的保险资金投向股市比例不得超过 40%。

（五）发挥着平滑资本市场波动等重大作用

2008 年国际金融危机后，美国资本市场持续稳定回升，为实体经济复苏提供了强有力支持，此与美国股市的主体构成有着密不可分的关联。美国股市中机构投资者占据主导地位，其中养老金规模占比近一半，共同基金近 1/3。由于养老金的资金性质，机构通常秉持理性、审慎的投资理念，资产配置更倾向于长期投资，从而减弱了市场的"羊群效应"，有效降低和平滑了市场的波动性。

（六）形成了养老金与资本市场良性互动的关系

历史证明，养老金投资入市对美国资本市场发展和养老金自身保值增值，起到了良性循环和互动的作用。一方面，养老金大量投向资本市场，扩大了资金来源和流动性，加强了金融创新和市场活力，发挥了养老金融对经济的促进作用。另一方面，美国经济的持续增长反哺了资本市场，提升了企业的投资价值，为资本市场持续繁荣打下了坚实基础，从而确保了养老金的保值增值。

三、美国养老金入市对于中国养老金资本运营的启示

与美国等富裕国家相比，我国的养老机制建设任重而道远。应尽快构建健全、结构合理的养老金体系，加强国家统筹力度，完善税收优惠机制，搭建良性互动的资本市场环境，加快养老金市场化投资运营，充分发挥养老金融对实体经济的支持作用。

（一）完善税收优惠政策，鼓励企业年金发展

当前我国的养老金体系中，基本养老保险基金占据着绝对主导地位。而美国的

养老金构成中，雇主养老金计划中的私人部门养老金（即企业年金）和作为第三支柱的 IRA 型养老金是主体。

虽然广东省将 1000 亿元基本养老保险基金交由全国社会保障基金理事会进行市场化运营，并进而引发了社会上关于基本养老金入市的热议，但现行的基本养老制度实行现收现付制，而现收现付制下的养老金入市，其投资操作的长期性和稳定性难以得到保证。从长期来看，只有秉持价值投资理念，养老金才能通过资本市场获得较高回报。因而，未来中国的养老金入市是趋势，但入市的养老金应为实行基金积累制的、适于长期投资的养老金。事实上，美国的社保基金（即基本养老金）并不入市，而是通过购买美国政府发行的特别债券来实现保值增值，真正入市的养老金是作为养老金体系主体的企业年金和 IRA。

中国政府应鼓励企业年金的发展，并使之成为养老金体系中的主体。一来企业年金的发展能减缓财政负担，二来积累制下的企业年金更适于长期投资，从而实现保值增值。当前政府对于设立年金的企业和参与年金的个人并不提供明显的激励政策，因而有能力设立并设立了企业年金的只有少数国企和大型私企。而美国企业设立年金的动力则来源于多类型的税收优惠政策。例如在 401k 计划下，雇主向个人账户中缴纳的费用可免征所得税，而雇员向个人账户中缴纳的费用则可享受税收延迟优惠。美国的税收优惠政策值得中国政府借鉴，以促进企业年金的壮大发展。当然，税收优惠政策的具体落实还依赖于征税体系。政府在制定税收优惠政策的同时应加强征税体系的建设。

（二）加强资本市场建设，为长期资金入市创造积极条件

如前所述，养老金入市并实现保值增值，依赖于两个条件，一是实体经济的发展，二是资本市场的完善。美国养老金入市的规模如此之大，很大程度上归因于其较为完善的资本市场体系。

对比美国，中国有必要从以下几方面着手，加强资本市场建设，为长期资金入

市创造积极条件。一是完善金融监管体制。当前行政审批制度的不合理之处，再加之相关监管的缺位，使得资本市场上的造假行为和利益共谋屡屡发生。这不仅伤害了投资者，更使得长期价值投资理念难以获得认同。二是完善信息披露制度，鼓励社会评估机构的发展。信息披露能够强化公众对上市公司以及相关投资机构的监督，而完善的社会评估体系能为公众提供更为可靠的信息。三是培育机构投资者，减少市场投机行为。相较于散户，机构投资者更为专业，机构投资者的发展壮大能够减少资本市场中的不理性因素。

（三）完善监管体系，明确各方权责

美国养老金体系近40年来的发展很大程度上得益于1974年颁布的《雇员退休收入保障法案》（以下简称《法案》）。《法案》明确了劳工部、财政部和税务总局在养老金事务中的地位，从而推动了专门针对养老金的监管体系的建立。在完善的监管体系和良好的制度环境下，参与养老金计划的包括雇主、雇员、发起人、账户管理人、信托人、受托人在内的各方主体权责明确，各司其职、各尽其责。

要推动中国养老金入市，政府必须完善相关法规或者颁布新法，从制度上明确各方权责；设立专门的可以形成制约关系的监管机构，赋予相关部门明确的监管职权；规范养老金的入市运作，明确养老金的产权关系。在养老金入市的过程中，政府既应通过制度化的监管来保障资金的安全，也应通过权责的规范来使养老金的入市收益真正地为养老金受益者所有。

（四）资产组合多元化，委托投资市场化

在20世纪90年代，著名的基金管理人嘉里·布林森（Grey Brinson）对82家大型养老基金的资本运营情况进行统计分析，其结果显示，基金收益的90%可归功于资产配置，而时机选择和证券选择则贡献了不到10%的收益。合理的资产配置在很大程度上意味着资产组合多元化。事实上，无论是DC型养老金还是IRA型养老金，

其资产配置都呈现出多元化的特点。2017年，以DC型养老金为例，其中的58.8%投向了共同基金，其余部分则直接通过证券经纪账户投向了股市、债券市场和货币市场；投向共同基金的部分又被分散地投向了股市、债券市场和货币市场；而经共同基金投向股市的养老金，又有相当一部分被投资于国外股市，美国退休金账户持有的共同基金中59%为股票型基金。

委托投资的市场化可以进一步提升养老金入市的回报率。在美国，设立养老金计划的企业或非企业机构有自由选择受托投资机构的权利。信托人的自由选择，使得众多的投资机构之间形成了激烈的竞争关系，进而促使投资机构提高其投资效率、降低服务费用。

当然，中国的机构投资者尚少，因而有必要在实现委托投资市场化的同时，加强对于机构投资者的培育。

四、加强资本市场建设，为养老金入市创造积极条件

尽快构建健全的养老金体系。截至2017年年末，我国的养老金规模共8.53万亿元，占当年GDP比例仅9%，与美国等富裕国家相比差距很大，养老压力日益凸显。我国已正式进入人口老龄化社会，老年人占比预计在2050年左右达到峰值，因此加快我国养老体系的改革与完善，是个十分紧迫的课题。研究表明，越是贫困的国家和家庭，养老愈加依赖国家养老金的支持，而富裕国家和家庭则主要依赖企业养老金和投资性收入。从结构上看，我国养老金第一支柱规模约7.24万亿元（其中基本养老保险基金5.02万亿元、全国社会保障基金2.22万亿元），占养老金总规模比例达84%，过度依赖政府的财政统筹，补充性、自愿性的养老金储备严重不足。如第二支柱中的企业年金规模为1.29万亿元，占养老金总规模比例仅17%，发展速度比预期中平缓许多。职业年金基金管理办法于2015年颁发，从覆盖面、缴费比例等来看，未来会快速增长，但规模壮大仍需时日。第三支柱主要是商业性养老保险及保

障产品，仍处于摸索和政策试点阶段，目前市场规模可忽略不计。

加强全国层面的统筹管理。美国是联邦制国家，诸多政策法规存在地区性差异。但美国的第一支柱（OASDI）在建立之初，就明确由联邦政府统一管理的实施原则，通过法律规定地方政府强制执行，从而体现公共养老金的互助共济、社会再分配功能。2015 年，国务院颁发《基本养老保险基金投资管理办法》，基本养老保险基金投资入市的政策通道基本打开，但目前以省级进行统筹，由各省归集资金后根据结余情况委托社保基金理事会进行投资。应进一步提高统筹层次，加快市场化投资运营，更好地实现保值增值，改善个人账户亏空的窘境。

进一步完善税收优惠机制。美国的 401k 计划、个人退休金账户（IRA），在养老金体系中占据绝对主体地位，此与美国推行的税收优惠政策密不可分。我国对于设立企业年金的企业和参与年金的雇员，并未提供明显的激励和优惠政策，因此有能力设立企业年金的主要为国企和大型私企。应借鉴实施美国的税收优惠政策，实现减税与税收延迟效应，一方面促进企业年金的快速发展和壮大，另一方面将刺激中国版 IRA 的真正形成，从而减缓财政负担与压力。此外，美国的公共养老金以社会保障税形式缴纳，在 2011 年已降至 10.4%，我国是以养老保险费形式缴纳，费率相对较高（28%）。应适当调低缴费比例，提升第二、第三支柱的发展空间和积极性。

加强对资本市场的监管和培育。英美型国家养老金资产的快速积累，改变了全球金融市场的特性和结构。金融市场的每次剧烈动荡，也会在一定程度上影响养老金资产的增长，二者是紧密关联、相辅相成的。美国资本市场监管较为严格，如在总结大萧条背景下推出的《证券法》《证券交易法》，1970 年推出的《证券投资者保护法》，2002 年推出的《萨班斯法案》等，为资本市场的良性发展奠定了基础。我国的资本市场起步较晚，应进一步加强资本市场建设，为养老金入市创造积极条件。重点完善金融监管体制，规范信息披露制度，鼓励社会评估机构的发展，杜绝造假行为和利益共谋事件屡屡发生。不断培育机构投资者，减少散户行为，降低市场投机性和不理性因素。

加大对实体经济的建设支持。加大养老金对实体经济、基础设施项目的投资支持，不仅有利于资金保值增值，也有利于促进经济的稳定发展，充分发挥养老金融的社会贡献。在此方面，美国、澳大利亚等国家均拥有成熟的经验，如美国的养老基金（CalPERS）在 2008 年就实施新政，将 3% 的养老基金资产配置于基础设施建设。为配合国家"十三五"规划实施，我国养老金应进一步发挥资金特点和优势，积极通过产业基金、PPP 等方式，重点支持"一带一路"等大型建设项目，加快推进养老产业的发展和升级。

第二节　美国个人退休账户（IRA）漫谈

为了鼓励广大民众为其退休收入进行长期有效的储蓄，美国联邦政府通过其税收制度设立了多种多样的退休储蓄工具。这其中包括由雇主资助的各种优税合格退休金计划，也包括由个人建立的"个人退休账户"（Individual Retirement Account）。这种个人退休账户既便于个人纳税者进行退休储蓄，又为其提供纳税方面的优惠，是一种十分受美国广大人民群众欢迎的退休投资储蓄工具。截至 2018 年第二季度末，个人退休账户的资产总额已达 9.3 万亿美元，实可称为美国私有退休金体制的中流砥柱。本节就向广大读者详细地介绍一下美国个人退休账户的有关情况。

美国私有退休金体制中有不同的税收优惠退休金计划。这些税收优惠退休金计划都必须由雇主为其雇员建立。相比之下，个人退休账户则基本上完全是由某一个纳税者自己建立并掌管的。美国的《税收法》第 408 款对美国现有的个人退休账户提有各种详细的要求。只有符合《税收法》第 408 款中所提出的各种规定和要求，个人退休账户才能够获得优税或延税的待遇。此外，适用于税收优惠退休金计划的许多规定，如防止优待高薪职员等规定，都不适用于个人退休账户。但个人退休账户自己本身却受限于同税收优惠退休计划不同的特别要求和规定。

一个符合条件和要求的纳税者每年可以向其个人退休账户缴纳5500美元的缴费额，并可以从其当期应税收入中将这5500美元刨除从而达到减税的作用。而且，一个纳税者的配偶也可以每年向其配偶的个人退休账户缴纳5500美元的缴费额，而且如果配偶也符合《税收法》第408款所提出的相应税收入中将这5500美元缴费额刨除，这样夫妻双方每年可以有11000美元的减税待遇。

根据《税收法》的规定，一个拥有个人退休账户的纳税者，每年将5500美元缴费额缴纳入个人退休账户中之后，其缴费的任何投资收益就可以延税的形式不断积累和增长直到该账户拥有者从账户提款时，才必须将这些投资收益包括进自己的当期应税收入中。因此，从实质上讲，虽然个人退休账户与税收优惠退休金计划在要求上有许多不同，但它与税收优惠退休金计划一样享受着其缴费可从当期应税收入中刨除，以及其投资收入延税的优税待遇。

税收优惠退休金计划的参加者还可以同时向自己的个人退休账户缴费。而且，如果该参加者符合一定的条件和规定，其向个人退休账户缴纳的缴费额还可以享受刨税或减税的优税待遇。如果雇主愿意，他还可以帮助其雇员建立个人退休账户甚至直接替这些雇员向其个人退休账户缴费。另外，雇主还可以资助所谓简易式雇员退休金计划。

一个个人缴税者必须要对建立个人退休账户对自己是否有利进行分析。虽然建立个人退休账户并利用这一账户作为对自己将来退休进行储蓄是明显地有益处的。但是根据《税收法》的有关规定，拥有个人退休账户的个人纳税者在其达到59岁半之前不能从账户中提款；或者，如果他们在达到59岁半之前从账户提款，那么在大部分情况下还需要另付10%惩罚税。因此，根据美国《税收法》的有关要求，一个纳税者必须要考虑是否愿意将自己的一部分收入存入到个人退休账户中而等到自己在达到59岁半之后才从该账户中提款。

一、个人退休账户可减税的缴费额

（一）可减税的缴费额

根据《税收法》第408款的要求，向个人退休账户缴纳的缴费额必须以现金的形式，而不能以其他财产形式缴纳。一个个人退休账户拥有者每年向其账户所缴纳的缴费额不能超过5500美元；或者，如果该拥有者的年收入不到5500美元，那么要减税的缴费额不能超过其年收入的总和。如果该个人退休账户拥有者已婚并决定为其配偶的个人退休账户也缴费，那么向配偶的个人退休账户所缴纳的缴费额的年限制额也是5500美元。但是，如果个人退休账户的拥有者或其配偶同时也是一个税收优惠退休金计划参加者，那么他们的收入必须低于一定限制才能够享受向其个人退休账户缴纳减税缴费额的优税待遇。

（二）个人年收入的限制

首先，个人退休账户拥有者或其配偶还同时是税收优惠退休金计划的参加者。根据《税收法》的规定，如果一个未婚的个人退休账户拥有者同时还是一个税收优惠退休金计划参加者，并且年收入超过3万美元，那么该拥有者就不能向其个人退休账户缴纳免税缴费额，其缴纳的缴费必须是税后缴费额。同样，如果一对已婚夫妇其中一个是税收优惠退休金计划参加者，那么，如果他们的合并年收入超过5万美元，则夫妻双方都不能向各自的个人退休账户缴纳免税的缴费额。

美国国会于1998年对《税收法》关于个人退休账户的一些规定进行了修改，这些修改包括对单身和已婚个人退休账户拥有者年收入限制的提高。以使更多的个人退休账户拥有者能够向其账户缴纳免税的缴费额。根据这一修改后的规定，已婚的个人退休账户拥有者的年收入到2007年被提高到8万美元；而单身的个人退休账户拥有者的年收入的限制到2005年被提高到5万美元。只要已婚或单身的个人退休账户拥有者的年收入不超过这两个限制，那么即便他们同时也是一个税收优惠退休金计划的参加者，他们仍可以向各自的个人退休账户缴纳免税缴费额。

其次，夫妻双方都向个人退休账户缴费。根据《税收法》第 219 款的规定，如果夫妻双方都想要向各自拥有的个人退休账户缴纳每年最大限额的缴费额，那么夫妻双方的共同收入每年不得少于 4 万美元。此外，另一个要求是，夫妻双方必须在向政府缴税时以联合缴税（Married Filing Jointly）的形式缴税，而不是以各自分别（Married Filing Separately）的形式向政府缴税。如果夫妻双方都不参加各自雇主所资助的税收优惠退休金计划，那么夫妻双方向其各自个人退休账户所缴纳的缴费额可以完全从他们的当期应税收入中刨除，从而达到减税的目的。如果夫妻中的一方还同时是其雇主所资助的税收优惠退休金计划的参加者，只要夫妻双方的共同年收入不超过 15 万美元，那么不是计划参加者的另一方，向其个人退休账户所缴纳的缴费额可以得到减税的待遇。对于同时还是个人税收优惠退休金计划参加者的一方，如果夫妻双方的联合年收入不超过 5 万美元，那么同时是一个税收优惠退休金计划参加者的一方也可以将其向个人退休账户缴纳的缴费额从其当期应税收入中刨除。

（三）年收入的定义

在确定一个个人退休账户拥有者向其账户所缴纳的缴费额是否可以从其当期应税收入中刨除时，该拥有者的年收入包括他在某一年所挣的工资，收到的残疾金，失业救济，及其他类似收入。此外，其雇主可以为该雇员向个人退休账户直接缴费。由雇主替雇员直接缴纳额包括在该雇员的年度总收入中，是否可以得到减税，要看它是否符合《税收法》第 219 款的各种规定。如果一个个人退休账户拥有者已经离婚或是从法律的手续上与其配偶分居，那么其因离婚或分居所获得的抚养费也可以被包括在该拥有者的年收入当中。

（四）向个人退休账户缴费的时限

按照《税收法》的规定，如果一个个人退休账户的拥有者向其账户缴纳减税缴费额，那么他必须在美国税务局所规定的纳税时限之内将缴费额缴入个人退休账户。此外，一个纳税者可以在缴纳所得税的时限之前建立个人退休账户。这一时限一般是在应纳税年度的4月15日之前。举例说明，如果一个纳税者符合上述条件，那么他可以在2018年4月15日之前建立一个个人退休账户，并向该账户内交入5500美元的缴费额，就可以在4月15日缴纳的2018年年度税收中将这5500美元刨除，从而达到其2018年减税的目的。

（五）向个人退休账户缴纳非减税性缴费额

以上所谈到的是美国《税收法》中对向个人退休账户缴纳减税缴费额的各种规定和限制。另外，根据《税收法》第408款的规定，美国所有的纳税者都可以每年向其建立的个人退休账户中缴纳不能减税的缴费额。缴纳这种不能减税的税后缴费额的年度限制是5500美元。这一限制是与可减税的年度缴费额的5500美元限制一同计算的。

向个人退休账户缴纳不能减税的缴费额数额不受任何规定的限制。也就是说，任何纳税者都有资格向个人退休账户缴纳不能减税的缴费额，不管其年度收入有多高，或者是不是同时还是一个税收优惠退休金计划的参加者。向个人退休账户缴纳不能减税缴费额的主要益处是，这部分缴费额在纳入个人退休账户之前获得的任何投资收益都不包括在该账户拥有者的当期应税收入中。也就是说，可以获得延税的待遇，而直到该账户拥有者从账户中提款时才须将投资的收益包括在其当期应税收入之中。

此外，美国的税收法从1997年开始建立了一种提款完全免税的税后缴费型的个人退休账户或年金账户——"罗斯个人退休账户"（Roth IRA）。只有那些年收入在一定限额之下的人才可以建立这种账户。

二、个人退休账户的要求

根据美国《税收法》第408款的规定，一个纳税者建立个人退休账户必须符合如下要求。

（一）信托或代管账户

根据《税收法》第408款规定，一个纳税人的个人退休账户必须是以信托或代管账户的形式建立的，而且信托或代管账户必须建立在美国境内。信托人或代管人必须是银行或类似的金融机构，有条件来做代托账户的形式而不是信托账户的形式建立，代管人必须符合信托人的合格要求。如果代管账户的代管人完全符合信托人的合格标准，那么代管账户就将被视为信托账户来对待。而代管人也就将以信托人来对待。但是，根据美国有关《信托法》的规定和要求，一般来讲，一个代管人并不负有像信托人在投资方面的责任，账户的建立必须要由文书形式规定下来，而且必须要包括以下所谈的各项规定。

（二）缴费额的缴纳

每年向个人退休账户缴纳的缴费额不能超过5500美元，而且缴费额必须是以现金而不能以其他财产的方式缴入到个人退休账户之中。但如果向个人退休账户缴纳的缴费额是从另一个账户或是从一个税收优惠退休金计划中转账而来，那么这种转账形式的缴费额就不受任何缴费额限制，而且直接可以以原来所存在的财产方式来进行转账。

（三）个人退休账户的投资

根据《税收法》第408a（3）的规定，个人退休账户的资产不能用来购买寿险。而且缴入到个人退休账户信托账户中的资产不能与其他账户资产相混合。除非是混合在一个共同信托基金或是共同投资基金之中的。

（四）绝对既得受益权

一个个人退休账户的拥有者必须对其账户中的利益拥有绝对的既得受益权。应该指出的是，与税收优惠退休金计划的不同是存入个人退休账户中的资产并没有不许挪为他用的要求。美国的一些法庭判定个人退休账户中的资产在破产时可以供债权人还债。

（五）个人退休账户中的提款

我们首先来谈一谈在美国《税收法》有关规定下，对个人退休账户拥有者从账户中提款的一些要求。个人退休账户拥有者在达到 70 岁半之后的下一年的 4 月 1 日开始从其个人退休账户中提款。从这一时间开始，个人退休账户拥有者既可以将他的全部退休金从账户中提出，也可以为了避免当年所得税的大量提高而分期提款。如果一个个人退休账户拥有者确实希望将提款的期限拉得越长越好，那么他就应该等到他到达 70 岁半的那一年再开始从计划中提款，而且提款的期限可以根据他个人的寿命估算或者是可以根据他和他所选定的受益人的共同寿命估算以年金的形式提款。

美国税务局于 2001 年 1 月颁布新条令就强制性提款的要求提出了新的规定，特别给予个人退休账户拥有者以更多的灵活性，使他们为延长提款期而具有更多的选择。比如，根据新的条令，一个未婚的个人退休账户拥有者可以根据其个人的所剩寿命估算和他的一个假设比他年轻 10 岁的受益人的所剩寿命估算联合起来，作为他从个人退休账户中提款的提款期。这样就可以进一步延长该个人退休账户拥有者从账户中提款的期限，从而进一步使从这一个人退休账户中的提款达到延税的作用。

三、个人退休账户拥有者去世后账户缴费额的支付

根据《税收法》第408款的有关规定：个人退休账户合同必须规定，如果个人退休账户拥有者在账户中的退休金完全提走之前去世，则所剩余的退休金如何向其受益者分配。在这种情况下，要看个人退休账户中缴费额的分配是在账户拥有者去世之前还是之后开始的。如果个人退休账户中的退休金分配是在个人在其去世之前就已经开始了，那么所剩账户缴费额选择的分配方法不得慢于他去世之前。这一规定就允许个人退休账户拥有者去世之后，受益人继续以他去世之前选择的方式将所剩的缴费额进行提款。如果分配是在该账户拥有者去世之后才开始的，那么账户中所有的退休年金必须要在他死后的5年之内全部分配完。但是对这一规定又有两个例外。

第一个例外是，如果去世的个人退休账户拥有者在其去世之前特别选定了一个受益人作为在他去世时接收他个人退休账户中退休金的受益者，而且其退休账户所剩的退休金是以该受益者的余寿作为提款期而向其进行分配的，那么分配必须在该账户拥有者去世之后一年开始进行。此外，还应该提到的是，根据《税收法》第408款的有关规定，在一个个人退休账户拥有者去世之后，该账户的受益人可以将该账户中的资金以信托人对信托人的方式（Trustee-to-Trusteetransfer）直接转账到另一个新的个人退休账户，只要这一新的个人退休账户还是以已去世的拥有者的名义建立的，那么这一受益者便可以从这一转账后的新的个人退休账户中接受其所继承的抚恤金。继承个人退休账户退休金的受益者一般通过这种信托人对信托人的直接转账的形式来将自己所继承的这笔个人退休账户的资产投资于其所中意的新的投资方式或工具。

第二个例外是，如果个人退休账户的受益人是已去世的账户拥有者的配偶，那么该配偶所继承的退休金便可以以配偶自己的余寿作为提款的期限来进行提款，而且提款开始的时间不必要在账户拥有者去世之后的一年就开始，而是可以等到该账

户拥有者在达到 70 岁半的时候再开始从其账户中提款。

此外，作为已去世的个人退休账户拥有者的配偶，该配偶还有另外一个选择，该配偶可以选择不从其已去世的配偶的账户中开始提取所继承的退休金，而是以直接转账的形式将继承的这笔退休金转到自己的个人退休账户中，这样的话，该配偶就可以等到他自己在达到 70 岁半的那一年，再开始从自己的个人退休账户中提款。这样的话，如果该配偶比已去世的配偶年轻，那么她就可以进一步通过这种直接转账的方式将她所继承的个人退休账户津贴搁置在自己的个人退休账户中，从而达到更长的延税目的。

四、个人退休年金的要求

（一）以年金形式建立的个人退休账户

以年金形式建立的个人退休账户与一般的个人退休账户的区别在于：这一账户中要包括一个退休年金合同，而不是以信托或托管账户的形式建立。与一般的个人退休账户一样，以年金形式建立的个人退休账户或者叫个人退休年金，不允许包括寿命险的性质。

（二）不可剥夺的既得受益权

个人退休年金拥有者在该年金中的权益，即退休金，必须不可以被剥夺并且不可转让。此外，个人退休年金的合同还必须规定该账户的拥有者不能用这一账户来作为贷款抵押。从该年金账户中贷款或该年金合同作为从其他金融机构寻求贷款的抵押都会使该个人退休账户失去优税待遇。

（三）向个人退休年金账户缴费的年度限制

同一般的个人退休账户一样，《税收法》第 408 款规定，向个人退休年金账户缴纳的年度缴费额每年不能超过5500美元。

（四）从个人退休年金账户中的提款

本书以上所谈到的从一般的个人退休账户中强制性提款的要求也适用于从个人退休年金账户中提款，这方面的规定是一样的。

（五）有关个人退休账户的税收要求和规定

1. 所得税要求及转账

首先，正常的税收待遇。一般来讲，个人退休账户中的提款将在提款的那一年包括到提款人的当期应税收入中。因此，成为该提款人正常收入的一部分。同时该提款人也必须为从个人退休账户中的提款交纳正常的所得税。税率同该提款人在提款那一年的正常所得税税率是一样的。

其次，向个人退休账户缴纳非减税性缴费额的报告及提款要求。如果一个个人退休账户拥有者要向其账户缴纳非减税性缴费额，就必须每年在缴税表上进行报告。如果在某一年从该账户中提款，而且在提款之前向该退休账户缴纳过可减税及不可减税两种缴费额，那么其提款款数中免税部分的比例，将同他已向该账户缴纳的非减税性缴费额同整个账户资产的比例是一样的。比如，如果一个个人退休账户拥有者在2008年从该账户提款之前已缴纳的非减税性缴费额总数为10000美元，可减税性缴费额总数也为10000美元，而且该账户的投资收益是5500美元，那么，在他提款时他账户中的所有资金将达到25500美元。如果在他从该账户中提款时，只想提走10000美元，那么在这10000美元中所免税的部分是用以下方法进行计算的：用10000（已向该账户所缴纳的非减税性缴费额的总额）除以25500（即提款时账户中的所有资金）=0.4，然后以0.4乘以10000美元（即该退休账户拥有者所提款的总数）=4000美元。因此，在该退休账户拥有者所提款10000美元当中，4000美元将是免税的，他只需将6000美元包括在他的2008年的当期应税收入中。

再次，个人退休账户的转账。类似于从税收优惠退休金计划中提款之后直接转账的免税待遇，一个个人账户拥有者也可以从其个人退休账户中提款然后按一定的规定进行免税的直接转账，从而将其从一个个人退休账户所提走的资金以免税的形式转账到另一个个人退休账户中。一般来讲，根据《税收法》的有关规定，只要从一个个人退休账户中提出的资金在提款后 60 天之内通过转账的形式转入到另一个个人退休账户，或是另一个税收优惠退休金计划，那么该转账的提款就是完全免税的。同从税收优惠退休金计划中提款的有关要求所不同的是，从个人退休账户中进行转账式的提款没有强制性的 20% 的扣税要求。因此，为个人退休账户提供服务的金融机构无须在保持有个人退休账户的客户要求提款转账时，进行 20% 强制性扣税。

最后，由于离婚而进行的转账。根据《税收法》的有关规定，如果个人退休账户拥有者账户中储蓄的退休金根据一项离婚法令或离婚协议转账给已离婚配偶的个人退休账户，那么这一转账也将是免税的。转账之后，收到这种转账的前配偶将成为转账之后的个人退休账户的拥有者。但如果该配偶选择直接从其已离婚的配偶的个人退休账户中提款而不是进行免税转账，那么从个人退休账户中转账的账户拥有者将不得不将这笔提款的款数包括在他自己的当期应税收入中。

2. 强加于个人退休账户的一些惩罚税

首先，超过年度限制的缴费额所附加的惩罚税。根据《税收法》第 408 款的有关规定，一个个人退休账户拥有者每年向其账户缴纳的缴费额被限制在 5500 美元之内。如果该拥有者在某一年向其账户缴纳的缴费额超过 5500 美元限制，那么《税收法》第 4973 款的有关规定对这种超过年度缴费额限制的过分缴费额施加有惩罚税，惩罚税的税率一般为超过年度限制的缴费额的 6%。

其次，缴费额的提款。根据《税收法》的要求，一个个人退休账户的拥有者如果从其账户中提取所缴纳的缴费额，那么，一般来讲，提取的缴费额要包括在他的当期应税收入之中；如果在提款的时候，个人退休账户的拥有者还没有到 59 岁半，那么还要另加 10% 的提前提款惩罚税。但是，如果他从账户中提出缴费额是因为年度缴费额限制，是在按法律要求应交税的期限之前进行的，而且提款中也包括超额缴费获得的所有投资收益，那么所提出的缴费额就不需要包括在当期应税收入中。唯一例外的是，所提出款项中所包括的投资收益部分既要被包括在该拥有者的当期应税收入中，又要付 10% 的惩罚税。

如果个人退休账户拥有者在法律要求的交税期限之后，才将其超过年度缴费额限制的额数从个人账户中提走，只要缴纳的这部分缴费额原先就是税后缴费额，而且在他提款的那一年，向个人退休账户缴纳的缴费额总数没超过 5500 美元，那么，他提出的部分超额缴费额就既不需要包括在他的当期应税收入中，也不需要付任何提前提款的惩罚税。但是，6% 的超额缴费额的惩罚税仍然将施加于这部分超额缴费额上。

最后，59 岁半之前个人退休账户中的提款。根据美国《税收法》的有关规定，如果一个个人退休账户拥有者在达到 59 岁半之前就从其账户中提款，那么《税收法》对这种所谓"过早提款"另加有 10% 的惩罚税。这一惩罚税的目的是尽量避免使个人退休账户拥有者过早从其账户中提款，因为个人退休账户，顾名思义，是为了帮助账户拥有者为其退休以后的收入提供经济上的帮助。因此，如果个人退休账户拥有者被允许随时从该账户中提款而不等到退休之后，那么美国政府给予个人退休账户的优税待遇就没有任何意义了。但是，以上所提到的 10% 的惩罚税，并不是一概适用于所有过早的提款。《税收法》第 72 款中为在 59 岁半之前的提款应缴纳的过早提款惩罚税提供了如下的例外。

①如果个人退休账户拥有者从账户中提款的原因是因为账户拥有者成为伤残；②如果提款的方式是以分期付款的方式，并以账户拥有者本人的余寿为期限而进行提款；③如果个人账户拥有者失业之后需从账户中提款以支付医疗费用或医疗保险；④如果提款是为了付一定合格的高等教育费用，如学费等；⑤如果提款是为了第一次购买住房。

如果一个个人退休账户拥有者以其余寿为期限，从账户中分期提款以免交 10%

的惩罚税，那么这一提款的期限最起码要延续5年或者是到该拥有者达到59岁半为止。如果一个个人退休账户拥有者拥有多个个人退休账户，那么该账户拥有者可以把所有这些个人退休账户中积累的资产在一起进行计算，从而可以从他不同的退休账户中提取不同的款额，只要所提的款额加在一起符合每年所必须提出的款额的要求。此外，美国税务局所颁布的一些条令还规定，从个人退休账户中进行分期提款的款额不能改变；如果分期提款的款额在5年之内或者是个人退休账户拥有者达到59岁半之前有所改变，那么该提款就会失去免交惩罚税的优惠待遇，而且必须从第一次提款开始补交10%的惩罚税。

对于过早提款而附加惩罚税这一做法究竟在多大的程度上能够达到鼓励纳税人为其退休收入进行储蓄的目的呢？正像前面所讲到的，建立一个个人退休账户的最大好处就是向该账户缴纳的缴费额及其获得的任何投资收益都会得到延税的优税待遇。因此，分析的关键是究竟需要将缴费额储蓄在个人退休账户中多久，其投资收益在延税的程度上能够达到抵消由于过早提款支付的10%的惩罚税。假设一个个人退休账户的投资收益是10%，那么一个具有25%的所得税税率的纳税人必须要将其资金存放在个人退休账户将近7年之后再提款，其因延税所获得的投资交易的额数才足以抵消10%的惩罚税。因此，避免交10%惩罚税对大部分美国的退休账户拥有者来说是十分重要的。

为了进一步鼓励和推广高等教育，美国国会于1996年通过法案，对个人退休账户的税收法律要求进行修改。这一修改包括允许一个个人退休账户拥有者在59岁半之前从其账户中提款以支付一定合格的高等教育费用并免交10%的惩罚税。根据这一修改，该退休账户拥有者可以从其个人退休账户中提款为他自己，或者是他配偶及子女，或是孙子孙女，或是他配偶的子女或孙子孙女的高等教育的费用。所谓合格的高等教育费用包括大学学费、上大学期间的住宿费、书本费等。

为了进一步鼓励私人住房的拥有程度，美国国会1996年对《税收法》有关退休账户的章节进行的修改还包括：允许一个个人退休账户拥有者从个人退休账户中免交惩罚税提款以交首次住房购买的押金。根据这一新规定，一个个人退休账户拥有者一生当中可以从他的个人退休账户中提取不超过 10000 美元的款额来用于自己首次购买住房。

免交惩罚税要求：首次购买住房的个人退休账户拥有者必须在购买住房之前的 2 年之内没有拥有过任何作为自己主要住宅的住房。此外，符合要求的个人退休账户拥有者必须在提款之后的 120 天内将提出的款项用于购买房屋，包括造房押金等费用。而且，购买的房屋必须是个人退休账户拥有者本人、配偶及其子女、孙子孙女，或是其父母或祖父母，其配偶的父母或祖父母所拥有的住宅。

如果一个个人退休账户拥有者在达到 70 岁半之后没有按照规定从其个人退休账户中提出强制要求的基本提款，那么根据《税收法》的有关规定，该账户拥有者必须要付 50% 的惩罚税。这 50% 的惩罚税根据每一个法律所要求的提款的最起码款额来计算。

鉴于个人退休账户在美国私有退休金储蓄中所发挥的关键作用，美国国会又通过法案，免除 2009 年从个人退休账户中强制提款和所附加的惩罚税的要求，以缓解经济衰退中退休者的经济负担。随着个人退休账户缴费额的不断增长，可以预见，个人退休账户在美国人的退休储蓄中将越来越扮演着举足轻重的角色。

第三节　IRA 是美国私人养老金计划的"收容所"

IRA 是美国个人退休账户的简称，其创设依据是 1974 年颁布的《雇员退休收入保障法》（ERISA）。IRA 从诞生开始就设定了两大基本功能，一是转账功能。对不同雇主提供的养老金计划，雇员在跳槽或退休时可以将它们"存放"到自己的 IRA，这一功能称为转账（Rollover）。二是储蓄功能。对没有被雇主养老金计划覆盖的雇员或自雇者,当他们的年收入低于一定额度时,允许他们向 IRA 进行低水平的缴费。截至 2018 年第二季度末,美国私人养老金总资产高达 28.3 万亿美元,其中,IRA 持有养老金资产约为 9.3 万亿美元,占比接近 1/3。目前,国内学者对美国 IRA 的认识和理解,存在比较大的偏差和误解,有必要进行澄清、纠正。

一、IRA 并非美国最大的一种养老金计划

IRA 资产的绝大部分来自转账,而不是 IRA 缴费。美国 IRA 持有的养老金资产,主要由三部分组成:一是 IRA 转账;二是 IRA 缴费;三是 IRA 投资收益。其中,转账是 IRA 资产的最大来源,它是雇员在跳槽或退休时从雇主养老金计划转账过来的资产,比如从 401k、403b、457b 等计划转账到 IRA 的资产。相反,IRA 缴费则主要来自低收入者,而且缴费标准非常低,因此 IRA 缴费在 IRA 资产积累中贡献份额较少。这正是国内许多学者容易误解的地方,他们误以为 IRA 是一种独立的计划,而且错误地认为 IRA 资产都是 IRA 自身缴费积累的结果,正因如此,他们得出了一个错误的结论:IRA 是美国规模最大的一种养老金计划。

实际上,从表 4-1 的统计数据不难看出,IRA 的资产积累主要来自转账,而不是来自 IRA 缴费。在 1996—2012 年的 17 年间,总计转账到 IRA 的雇主养老金资产将近 4 万亿美元,而 IRA 缴费累计只有 0.2 万亿美元,缴费形成资产大体相当于转账形成资产的 1/20。也就是说,在 IRA 总资产中,IRA 缴费总额仅占 5%,而转账总额却占 95%。

表 4-1 传统 IRA 各年缴费及转账统计

单位：亿美元

年度	缴费额	转账额
1996	141	1140
1997	150	1215
1998	119	1600
1999	103	1999
2000	100	2256
2001	92	1878
2002	124	2044
2003	123	2050
2004	126	2149
2005	134	2285
2006	143	2820
2007	144	3166
2008	134	2721
2009	128	2573
2010	128	2884
2011	123	2975
2012	155	3346
1996—2012 年合计	2167	39101

注：IRA 转账是指因跳槽或退休而从雇主养老金计划转入 IRA 的资产。

事实上，据美国投资公司协会（ICI）联合首席律师 Anna Driggs 研究表明，IRA 主要功能是用来转账的，但也有少量主动缴费。在所有开设 IRA 的个人中，91% 的人对他们的 IRA 没有任何缴费，只有 9% 的账户持有人进行主动缴费，而且缴费水平较低。因此，IRA 不是一类独立的养老金计划，而是雇主养老金计划的"收容站"或"避税所"。

二、美国 IRA 并非纯正的第三支柱

美国 IRA 是第二支柱及第三支柱的合成体，归属私人养老金。从 20 世纪 40 年代开始，美国学者就将美国人的养老保障体系称为"三条腿的板凳"，这种形象的称呼类似于当今国际社会所说的"三支柱养老保障体系"。其中，第一支柱，或称第一条腿，是指由国家主办并强制推行的社会养老保险，它是养老保障的"精神支柱"，是底线保障，主要功能是广覆盖、保基本。第二支柱或称第二条腿，是指由雇主自愿设立并运行的私人养老金计划，其中最有代表性的私人养老金计划，就是 401k，第二支柱既是雇主责任，也是一种雇员福利，更是一种"补充养老"形式。第三支柱或称第三条腿，是指个人或家庭自发自愿的退休储蓄行为，它包括以养老为目的的存款、投资、购房、购买商业人寿保单等，第三支柱的退休储蓄是"非制度化"的，没有统一规范，完全是个人或家庭行为。

区分第三支柱与第二支柱的唯一标志，是看其资产构成中是否包含雇主缴费。很显然，第三支柱不存在雇主缴费，而第二支柱一定含有雇主缴费。

国内许多学者误以为美国 IRA 是个人专用的退休储蓄计划，而且他们误以为 IRA 总资产全部来自 IRA 缴费及其投资，据此，他们错将 IRA 列入第三支柱。实际上，IRA 并非单纯的个人退休储蓄的工具，它既有个人单独缴费的 IRA，也有雇主缴费的 SEP-IRA 和 SIMPLE IRA，当然，更重要的是，IRA 总资产的绝大部分主要还是来自雇主养老金计划的转账，因此，IRA 本质上是第二支柱与第三支柱的合成体，并一直被官方纳入"私人养老金"（Private Pension）统计之列。

事实上，1974 年国会立法创设 IRA 主要有两个原因，一是当时私人养老金计划覆盖面较窄，无法兼顾大量非正规就业者和低收入者，因此，需要设立一种个人退

休储蓄工具，以税收优惠激励这部分弱势群体自己进行退休储蓄，这就是 IRA 创设的一个原因。二是由于雇员流动性大，为了确保雇员跳槽或计划终止时不改变养老金计划的税收优惠待遇，每个雇员有必要开设一个万能的"个人退休账户"，以便随时接收各类雇主养老金计划的"转账"资产。这后一种原因才是 IRA 资产规模快速扩张的根本原因。

后来为了鼓励小企业为雇员建立养老金计划，国会先后于 1978 年和 1996 年两次对 IRA 规则进行修订，分别创设了 SEP-IRA 和 SIMPLE IRA 两类全新的 IRA 计划。其中，SEP-IRA 适用于各类企业，包括独资企业、C 类和 S 类股份有限公司、合伙企业、有限责任公司（LLC）及自雇者等，它们均可设立 SEP-IRA，并为业主自己及其雇员提供退休计划。SIMPLE IRA 则只适用于雇员不足 100 人的小企业，它对雇主缴费要求非常严格。很显然，这里的两类 IRA 又演变成了第二支柱的养老金计划。

综上所述，得出两个结论，其一，IRA 资产的最大来源，不是 IRA 自身的缴费，而是从其他养老金计划转账过来的资产，因此 IRA 资产的主体构成来自第二支柱。其二，IRA 不仅适用于个人行为的退休储蓄，而且也适用于各类中小企业，尤其是小企业和自雇者。换句话说，IRA 并不是一个封闭的个人退休账户，而是雇主养老金资产的"存放地"，而且雇主也可以建立 IRA 计划并参与缴费。

三、美国 IRA 并不是十分普及的个人退休储蓄工具

IRA 缴费对象是低收入者，而且缴费标准很低。1974 年 IRA 刚诞生的时候，除了转帐功能，另一个目的就是为那些没有被雇主养老金计划所覆盖的工人提供一个可享受税收优惠的退休储蓄机会，不过，每年最大缴费不能超过 1500 美元。直至 1981 年年底，IRA 缴费资格及缴费水平一直是固定不变的。

从 1982 年开始，IRA 缴费人扩展至三类：被雇主养老金计划覆盖的工人（年度

缴费限额为 2000 美元)、没有被雇主养老金计划覆盖的工人(年度缴费限额为 2000 美元)、没有工作的配偶(年度缴费限额为 250 美元)。这一 IRA 缴费标准一直持续到 1996 年年底。1997 年开始将上述三类人缴费标准进行统一,最大限额为 2000 美元,并一直持续到 2001 年年底没有再进行过任何调整。后来 IRA 缴费标准虽有所提高,但又开始实行"逐渐淘汰"规则的缴费方式,将 IRA 缴费人限定在如下两类人群之中:一是有工作且被雇主养老金计划覆盖的工人;二是有工作但未被雇主养老金计划覆盖的工人。

以 2018 年为例,IRA 缴费最大年度限额为 5500 美元,年满 50 周岁的人可额外追加缴费 1000 美元。这与 401k 缴费水平相比,差距悬殊。2016 年 401k 计划的最大年度缴费为 53000 美元,年满 50 周岁雇员还可以额外追加缴费 6000 美元。这表明 IRA 缴费水平确实很低。IRA 缴费主要适用于低收入者,根据缴费人身份不同,传统 IRA 缴费标准也不同,与此同时,缴费人纳税申报方式不同,则 IRA 缴费资格及缴费标准也不同。

先看第一类 IRA 缴费人,有工作且被雇主养老金计划覆盖的工人,根据报税方式不同,他们是否有缴费资格,还要看他们的年收入水平高低,例如单身或户主身份报税者,如果其年收入不足 6.1 万美元,则 IRA 全年最大缴费为 5500 美元,相反,如果年收入达到 7.1 万美元,则没有资格向 IRA 缴费。相应地,其他不同报税方式,也有不同缴费要求。

再看第二类 IRA 缴费人,有工作但未被雇主养老金计划覆盖的工人,如果是以单身或户主身份报税,则 IRA 全年最大缴费标准为 5500 美元。不过,对已婚单独报税的工人来说,如果其配偶有工作且被雇主养老金计划所覆盖,那么,只要该工人年收入达到 1 万美元,他就没有 IRA 缴费资格。

由此可见,IRA 缴费资格及缴费水平都有着极其严格的收入限制和报税身份规定。不过,美国 IRA 并非专为低收入者设计的"个人退休账户",因为美国所有雇员均有资格开设 IRA,但不一定缴费,其主要功能是用以随时接收雇主养老金计划资产的"转账"。也就是说，IRA资产主要来自雇主养老金计划转账，而非IRA缴费，因此，IRA资产积累本质上来自第二支柱，而不是第三支柱。

基于以上内容，就我国而言，由于企业年金计划仅在大企业执行，而职业年金计划仅在机关事业单位执行，而且城乡自雇者、灵活就业人员及广大中小企业雇员没有补充养老计划，因此为了达成制度公平，我们完全有必要借鉴美国经验，引入IRA机制，为那些没有企业年金或职业年金计划的社会劳工提供补充养老的工具，同时也为劳工流动提供补充养老账户"转续"的机会。实现养老金制度设计公平的基本逻辑如下：一是大企业雇员——基本养老保险+企业年金；二是机关事业单位职工——基本养老保险+职业年金；三是其他劳工——基本养老保险+IRA。

第四节　中美员工持股计划对比写照

员工持股计划（ESOP）这种操作模式最早产生于美国，推行员工持股计划的最初目的是缓解当时严重的社会分配不公和突出的劳资矛盾。从中美两国员工持股计划的产生背景、发展状况和存在问题等方面进行简要比较分析，力争对中国推动员工持股计划的发展提供一定的借鉴与帮助。

一、美国员工持股计划产生的背景及发展现状

20世纪初，一些行业中具有代表性的公司以共同分享企业利润、资助和鼓励本公司员工购买公司股票等方式来改善员工的福利待遇，提高员工的工作积极性，当时股票市场发展良好也促使越来越多的员工愿意购买公司的股票，这就是员工持股计划的最初形态。但1929—1933年的资本主义经济大萧条导致股票市场崩盘，参加

员工持股计划的员工遭受到了巨大损失，导致员工购买公司股票的积极性遭受重大打击，员工持股计划的发展受此影响也几乎陷于停滞。

20世纪50年代，随着经济的恢复与发展，美国的税收也呈上升趋势，美国公司的高管人员需要缴纳高额的个人所得税，一些美国公司为了合理避税，开始推行面向全体员工的股票期权计划。1974年《员工退休收入保障法》，1975年《税收减让法》的出台，为符合条件的员工持股计划提供了税收优惠政策。

20世纪80年代，美国国会通过的《税收改革法》对员工持股计划的参与者分别给予了税收优惠，税收优惠政策涵盖参与员工持股计划的员工、实施员工持股计划的公司、对员工持股计划提供融资的金融机构，以及出售股票的公司股东。美国员工持股计划，也可以说是享受优税的员工持股退休金计划，它的最终目的是通过以公司股票的这种缴费方式来为公司的员工提供长期的退休养老的储蓄，税收优惠政策地实施极大促进了员工持股计划的发展。

据有关研究显示，截至2015年年底，美国目前存在大概有7000个税收优惠型员工持股退休金计划，所涵盖的员工将近1400万人。但从21世纪以来，这类员工持股计划的数量有所下降，但是所涵盖的员工人数却有很大的增长。员工持股计划的数量之所以有所减少，主要原因是银行通过贷款资助持股计划其利息享受的税收优惠被取消以及贷款条件更加严格。

二、美国员工持股计划多样的管理方式

美国员工持股计划得到了法律制度和政策的支持，尤其是能够和美国养老金计划相对接或融合，很好地调动了雇主和雇员的积极性。因此，为满足建立员工持股计划的企业的不同需求，可以总结出多种员工持股计划的管理方式，具体包括以下几种。

（一）股票奖励型员工持股计划

1986年《税务改革法》对股票奖励计划进行了明确，公司可持续性地依照其设定的条件向员工持股计划出资，以保证员工持股计划符合税法的相关规定。公司可以以现金的方式出资，也可以以股份的方式出资。

（二）杠杆型员工持股计划

杠杆型员工持股计划是1986年《税务改革法》所确定的另一种基本类型的员工持股计划。杠杆型员工持股计划的操作过程是：

（1）公司设立员工持股计划信托基金。

（2）贷款机构借贷资金给公司，公司依照相同的还款条件再将资金借贷给员工持股计划信托基金，或者由公司担保，贷款机构直接贷款给员工持股计划基金。

（3）员工持股计划信托基金以贷款购买公司或其现有股东手中的股份。

（4）员工持股计划信托基金将拥有公司或其现有股东的股份，公司或其现有股东通过出售股份得到偿还贷款的资金，而公司或贷款机构成为员工持股计划信托基金的债权人。

（5）公司通过向员工持股计划信托基金出资的方式或其他方式让信托基金逐步归还借贷的资金。当员工持股计划信托基金通过购买获得公司的股份时，这些股份将放置在一个未进行分配的贷款暂记账户（Loan Suspense Account）中。随后，当信托基金向其债权人偿还本金和利息时，这些股份将按照约定的比例，以每年至少贷记员工账户一次的方式向其分配。

（三）非杠杆型员工持股计划

非杠杆型员工持股计划的主要特征在于不需要通过公司或员工持股计划信托基金向贷款机构借贷资金，表明公司的资金比较充裕、现金流较好，没有融资方面的压力。

（1）由公司以现金或股份的方式向员工持股计划信托基金出资。如果公司采取通过现金向员工持股计划信托基金出资的方式，则信托基金以获得的现金向公司或现有的股东购买股份。

（2）当员工因退休或其他原因离开公司时，由信托基金根据事先约定的行权计划向员工分配累积的股份或现金。

三、美国员工持股计划的税收优惠政策

美国员工持股计划之所以能取得快速发展，与美国税法对员工持股计划提供的一系列税收优惠措施是分不开的。为鼓励员工持股计划的发展，美国制定了非常健全的税收优惠政策，覆盖员工持股计划的各个参与方和当事主体。

（1）从参与员工持股计划的员工方面来看，员工持股计划的股票和股息收入只有在员工离职或退休时才能领取和兑现。根据美国《国内税收法典》的规定，只有当员工领取股票时才应缴纳税收，这种延迟到退休后纳税的方式降低了员工在职时的当期个税负担，因此受到了参加人员的欢迎。

（2）从建立员工持股计划的公司方面来看，一般需要建立员工持股计划的公司通过向员工持股计划信托基金拨付资金或股利的方式进行出资，因此，其所享有的税收优惠亦因出资方式的不同而有所区别。

如果公司采取通过拨付资金的形式向员工持股计划信托基金出资，其享有的税收优惠情形可以分为三种情况。

第一，若公司设立的员工持股计划为非杠杆型，则公司享有的税收优惠额度为公司员工总薪酬的15%或公司纳税年度员工持股计划全部参加员工的收入总额中数额较高者。

第二，若设立员工持股计划的文件中约定持股计划为杠杆型，但是员工持股计划信托基金却没有通过借贷资金的方式来购买公司的股票，则公司所享有的税收优

惠额度为公司员工总收入的25%。

第三，若员工持股计划为杠杆型，并且员工持股计划信托基金通过借贷资金来购买公司股票，则公司所享有的税收优惠额度为公司为信托基金支付借款利息的总额（无上限）与员工总收入25%的总和。

如果公司采取向员工持股计划拨付股利的方式进行出资，并且在员工持股计划成立之后仍然有稳定获利，能够提高员工退休金的数额，只要公司以股利偿还信托基金的借款或者由信托基金将股份分配至员工的账户，则公司亦可以享受税收优惠，并且可以突破上述15%或25%的员工总薪酬限制。

（3）对提供资金的金融机构。

为促进金融机构向员工持股计划提供贷款，美国《国内税收法典》规定，金融机构向员工持股计划提供贷款所获得的利息收入可以享受50%的免税待遇。

但是，在该法实施之后，出现了公司大股东根据这一规定，利用债务杠杆获得大笔资金使自身获利，而将风险全部转移至员工的案件。因此2010年此条款已被删除。所以，将来美国金融机构向员工持股计划贷款的动力将会降低，并且金融机构将会加强对员工持股计划信托基金还款能力的审核。在美国，由于员工持股计划信托基金一般需通过借助银行的财力才有能力购入公司的大部分股份，删除提供贷款的金融机构享有税收优惠的这条规定，对于员工持股计划的实施将产生消极影响。

（4）对出售股票的公司股东。

为了鼓励持有公司股票的大股东将公司股票出售给员工持股计划信托基金，美国《国内税收法典》规定，当股东持有公司30%以上的股份时，只要该股东将出售股票所获得的收益于股票卖出后3~12个月内用于购买其他国内证券，则当该股东出售证券时才需要交纳税收。因此，这通常被公司股东作为递延税收或转移税收的主要手段。

四、美国员工持股计划的意义和积极作用

（一）提高员工工作积极性，促进企业的长期良性发展

实施员工持股计划（ESOP）之后，员工可以参与分享企业成长带来的资本收益，其工作积极性和工作效率都得到了较大的提升。美国对 ESOP 做了一个非常详尽的调查，发现建立员工持股计划的公司的发展速度要高于没有 ESOP 的公司将近 2.5%，就是因为能更好地把员工的个人利益和公司的经济利益有机地结合在一起。

（二）改善公司的现金流状况

依照美国的税法，由于公司以股份向员工持股计划出资所获得的收入可以从应纳税收入中扣除，因此公司可以通过实施员工持股计划，并以公司股份向该计划出资而获得资金的形式来改善公司的现金流。也就是建立员工持股计划的公司不需要支付现金，而以公司的股票作为对等缴费来放到员工的账户中，这样现金流就有很大的改进。此外，员工持股计划在美国还充当着为公司提供融资渠道（包括股权融资和债务融资）、协助公司进行兼并或收购、抵制敌意收购以及拯救濒临破产的公司等重要的角色。

（三）有利于改善和提高公司的治理水平

通过员工持股计划，员工在企业中具有"劳动者"和"股东"的双重身份，员工通过参加 ESOP，会被赋予投票权，他们会更多地参加公司的管理，从而能够参与企业的决策，所以这种情况下员工就更加注意公司的有效发展、科学发展，有利于加强监督和制衡，提高公司的决策和治理水平。

（四）有利于促进资本市场的长期稳定发展

员工持股计划具有长期性，按照政策要求，只有达到一定的条件后才能兑现，

员工持股计划的管理者因此也成为资本市场的长期机构投资者,因此能够发挥稳定资本市场的作用,促进资本市场的长期健康发展。

五、中国员工持股计划产生的背景和现状

员工持股计划在美国产生以来,获得了快速的发展,对实施员工持股计划的所在企业、资本市场以及整体的经济发展都发挥了非常积极的作用。因此,员工持股计划这种方式从美国开始,到西方发达国家,都得到了广泛的认可和运用,也对包括中国在内的发展中国家产生了重要影响。

(一)中国员工持股计划产生的背景

中国的员工持股计划最早产生于20世纪80年代末90年代初期所推行的职工持股。由于实行职工持股的目的是协助国有企业进行股份制改造,并不是激励员工,因此并没有交给专门的机构进行管理员工持股计划,而是由国有企业向内部职工发行"内部职工股"。由于当时的配套措施和规范不到位,导致在发行内部职工股过程中产生了严重的腐败现象,因此后来国家有关部门专门发文对内部职工股进行了清理规范。

2002年11月,证监会通过《关于职工持股会及工会持股有关问题的法律意见》(法协字〔2002〕第115号)要求所有存在职工持股会持股或工会持股的上市公司和拟上市公司拟进行再融资或首发上市的,均需要在再融资或首发上市申请前对职工持股会或工会持股进行清理。因此,通过职工会实施员工持股计划的做法也行不通了。

2008年,财政部发布《关于清理国有控股上市金融企业股权激励有关问题通知》,明确规定国有控股企业不得擅自进行股权激励。2009年1月,财政部颁布《关于金融类国有和国有控股企业负责人薪酬管理有关问题的通知》(财金〔2009〕2

号），要求各国有及国有控股金融企业根据相关规定暂时停止实施股权激励和员工持股计划。

相比国有企业实施员工持股计划受到众多限制，民营企业实施员工持股计划几乎没有规定，客观上也为民营企业实施员工持股计划提供了较大的操作空间。

（二）中国员工持股计划的发展现状

2005年12月，中国证券监督管理委员会发布《上市公司股权激励管理办法（试行）》，主要对限制性股票和股票期权两种形式进行了规定。2014年6月20号，为了贯彻落实党的十八届三中全会和《国务院关于进一步促进资本市场健康发展的若干意见》（国发〔2014〕17号）精神，中国证监会制定并发布《关于上市公司实施员工持股计划试点的指导意见》（以下简称《指导意见》），在上市公司中开展员工持股计划试点。因此，在上市公司层面，广义的员工持股包括股权激励和员工持股。《指导意见》指出，在上市公司中推进员工持股计划试点，有利于建立和完善劳动者与所有者的利益共享机制，改善公司治理水平，提高职工凝聚力和公司竞争力，使社会资金通过资本市场实现优化配置。这也是员工持股计划获得各方关注并大力推行的重要原因。上市公司可以根据员工意愿实施员工持股计划，通过合法方式使员工获得本公司股票并长期持有，股份权益按约定分配给员工。

根据《指导意见》的规定，实施员工持股计划，相关资金可以来自员工薪酬或以其他合法方式筹集，所需本公司股票可以来自上市公司回购、直接从二级市场购买、认购非公开发行股票、公司股东自愿赠予等合法方式。《指导意见》还就员工持股计划的实施程序、管理模式、信息披露及内幕交易防控等问题做出规定。据不完全统计，自从2014年9月《指导意见》出台以后，截至2018年9月底，一共有725家公司上市，占上市公司总数的16%左右。

但是，虽然《指导意见》对所有类型的上市公司都具有直接的指导和规范作用，但非金融类国有控股上市公司实施员工持股计划应当符合相关国有资产监督管理机构关于混合所有制企业员工持股的有关要求，金融类国有控股上市公司实施员工持股计划应当符合财政部关于金融类国有控股上市公司员工持股的规定，客观上也影响了员工持股计划在国有企业内的发展。

（三）国有企业实施员工持股计划的情况

2013年，党的十八届三中全会审议通过了《中共中央关于全面深化改革若干重大问题的决定》，提出"允许混合所有制经济实行企业员工持股，形成资本所有者和劳动者利益共同体"。"员工持股"第一次出现在中共中央的文件中，这个文件为混合所有制经济的发展以及国有企业的员工持股提供了充分的政策依据。

2015年9月，《国务院关于国有企业发展混合所有制经济的意见》提出，要坚持激烈和约束相结合，推动试点，稳步推进员工持股。据不完全统计，目前公告员工持股计划的上市公司中，国有企业仅有123多家，在所有公告员工持股计划的上市公司中占比为17%。因此，尽管在部分省市国资委企业中经当地国资委批准有实行员工持股计划的案例，但总体来讲各省市国企开展员工持股计划较为谨慎，也还缺乏国家层面明确的顶层指导意见。2016年2月，国务院把落实"混合所有制企业员工持股试点"作为十项改革试点之一。

2016年8月18日，经国务院批准，国务院国资委、财政部和证监会联合印发了《关于国有控股混合所有制企业开展员工持股试点的意见》（国资发改革〔2016〕133号）（以下简称《试点意见》）。按照《试点意见》，国有控股混合所有制企业开展员工持股试点主要采取增资扩股、出资新设的方式，并保证国有资本处于控股地位。建立健全激励约束长效机制，符合条件的员工自愿入股，入股员工与企业共享改革发展成果，共担市场竞争风险。国务院国资委和各省级国资委将按照试点企业条件，分别从中央企业、地方国有企业中选择少量企业开展试点，首批试点原则上在2016年内启动实施。

按照《试点意见》的规定，实行员工持股试点的仅包括国企控股、混合所有的企业，国有参股企业的员工持股不适用，中央企业二级以上企业（含）以及各省、自治区、直辖市及计划单列市和新疆生产建设兵团所属一级企业暂不开展员工持股试点。金融、文化等国有企业实施员工持股，中央另有规定的依其规定执行。从以上规定来看，国有企业实行员工持股仍处于试点阶段，试点范围受到一定的限制。

六、中美员工持股计划的比较分析及建议

（一）员工持股计划产生目的和作用方面

美国员工持股计划的产生是为了缓和当时的社会矛盾和劳资矛盾，也为了激励员工努力工作，在扩展融资渠道、提升企业治理结构、改善现金流等方面也发挥了重要作用。而中国引入员工持股计划最初是为了协助国有企业改制，并不是为了实现员工持股计划的原本目的，即员工的长期激励，而且员工持股计划在为企业提供融资渠道、改善企业现金流、抵制敌意收购等方面也未能发挥作用。

（二）税收优惠政策方面

员工持股计划之所以能在美国取得巨大的发展，众多的税收优惠措施是一个重要的原因。在员工持股计划的实施过程中，无论是实施计划的公司，还是参加计划的员工，抑或向计划提供资金的金融机构，到目前为止对于员工持股计划的税务问题都缺乏鼓励其发展的税收优惠措施。目前，我国对于员工持股计划的税务法律规定多集中于因持有企业股份而获得收益，以及因转让股份而获得收益应如何缴纳税收的问题，对于向员工持股计划提供资金的金融机构能否就贷款利息享有税收优惠等问题均未予以规定。因此，在缺乏税收优惠的条件下，员工参加员工持股计划的动力将降低。具体的优惠措施可以借鉴美国的做法，对参与员工持股计划的各个当事主体能够给予统筹考虑。

（三）员工持股计划的管理模式方面

美国员工持股计划的基本模式是通过信托基金进行，在此基础上发展出杠杆型、非杠杆型等不同的模式类型。根据《指导意见》的规定，我国上市公司实行员工持股计划使用的是员工自有薪酬，也可以采用杠杆融资，但也做出了一些限制，比如只有使用存量股才能使用杠杆融资，对于通过增发等方式新增加的股份用于员工持股的，不允许使用杠杆融资。美国员工持股计划则没有这方面的规定。

（四）改善公司治理结构方面

美国员工持股计划在参与公司决策和治理结构方面发挥了重要作用，良好的公司治理环境反过来也会促进员工持股计划的发展。在国内很多实行了员工持股计划的公司其治理结构没有得到改善，公司的股东大会通常由大股东所操控，董事会代表了大股东的利益，监事会也形同虚设，使得公司治理难以形成较好的制衡作用，因此需要国家出台相关政策来完善公司的治理结构，尤其是发挥员工持股计划在公司治理机构方面的作用。

（五）员工持股计划与养老保障和资本市场综合配套方面

员工持股计划作为一种长期激励，可以锁定企业中更优秀的管理层，优秀的业务骨干与企业长期共存共荣的关系，鼓励员工在企业工作到退休，因此从这个角度看员工持股计划也是养老保障的重要组成部分。为了解决人口老龄化带来的挑战，在这方面美国的经验尤其值得借鉴，只要是为了满足退休后的需要，国家就会出台政策予以鼓励。养老金是资本市场的重要来源，是资本市场重要的机构投资者，员工持股计划同样通过长期持有来支持资本市场的发展，并通过长期持有来推动上市公司持续稳定地创造价值。

第五节　基金是个人养老金账户最佳配置工具

随着我国老龄化进程的加快和基本养老金支付压力的不断增大，构建多支柱养老保障体系已经迫在眉睫。推出养老体系第三支柱——个人养老金账户计划的条件已经逐渐成熟，基金作为第三支柱的最佳配置工具，可以发挥中流砥柱的作用。同时，还需推进第三支柱税收优惠，引入房地产投资信托基金，推出FOF产品等一系列配套制度改革，以便更好地发挥第三支柱的作用。

一、成熟的资管行业是"第三支柱"的发展基础

在我国老龄化进程加快，基本养老金支付压力日增的大背景下，如何完善多层次养老保障体系备受社会关注。人社部近日公布的数据显示，截至2018年年底，全国参加城镇职工基本养老保险人数为41902万人，基金累计结余4.46万亿元；企业年金参保职工为2388万人，积累基金1.48万亿元。

第一支柱的基本养老金是一种在全社会成员之间的互助保险，目的是为所有参保人在老龄时提供相对公平的养老待遇，帮助个体对抗生命周期风险，目前可以说只是互保账户；第二支柱目前主要是企业年金，而且以煤、电、油、气等大型国企居多，且参保职工人数偏少，比重偏低，在养老体系"三大支柱"中作用相对有限；而通过税收优惠引导社会成员建立个人养老金账户计划，构建"第三支柱"，对提高国民养老保障能力和解决我国养老问题将大有裨益。

发展第三支柱不仅有形势的紧迫性，也存在现实的可行性。资产管理行业的发展壮大为第三支柱发展提供了成熟的市场体系和多层次、各类型风险偏好产品的丰富选择，第三支柱推出的条件已经成熟。

另外，从控制部分理财资金造成的热钱风险而言，建立第三支柱也很有必要。

以部分理财产品为代表的热钱风险外溢，成为当前市场上不容忽视的不确定性因素。2008年以来，这些资金冲击房地产市场，扭曲了房地产市场的资源配置，2015年又成为股市配资的主要来源，造成股市的大幅波动。

在属性上，银行理财产品既不是存款，又不受基金法的规范，只要市场上保本保收益的理财产品存在获取高额收益的空间，这些资金就很难进入实体经济领域，在银行理财资金壮大的背后，是老百姓的养老金投资储蓄需求没有得到满足，将这些资金引导转向第三支柱，形成长期资本，促进间接融资向直接融资转变，对我国实体经济转型升级非常重要。

二、基金是最佳配置工具

如果第三支柱的个人养老金账户资金进入资本市场，从追求市场平均收益、抵抗投资风险角度而言，基金能成为最佳配置工具。

个人养老资金入市要面对的风险主要有两种：一种是系统性风险，如经济周期风险，这种风险可以"用时间换空间"，通过长期持有来获取长期市场的收益率；另一种是非系统性风险，可以通过基金的组合投资、分散投资的方式来规避。

全国社保基金长期稳健的投资收益成为养老型产品抵抗风险的典范。日前，全国社会保障基金理事会披露的数据显示，截至2017年年底，累计投资收益额为10073.99亿元，年均投资收益率为8.44%。其中，在全国社保基金委托投资资产中，80%以上交给基金管理公司管理；自2007年以来，企业年金的年化收益率为6.97%，在委托投资资产中，约40%交给基金管理公司管理。

证券投资基金市场的托管制度、公平交易制度、每日估值制度、信息披露制度和大数据监测体系等一系列制度保证了间接配置的安全性。公募基金是资产管理领域运作最规范、信息最透明的行业，具有业绩基准清晰、产品类别丰富、竞争性强、市场容量大等优势，是养老金进行大规模资产配置与调整的最佳工具。

市场化是第三支柱的发展方向。在具体操作中，可以将评级三星级以上的基金纳入第三支柱备选产品池，投资者可以按照不同市场风险偏好去配置。

当然，三大支柱的投资目标和风险偏好各不相同，第一支柱主要是保本保收益，在投资上相对保守，并以投资固定收益类产品为主流；第二、第三支柱相对灵活，风险也不会外溢，投资的目标可以因人而异。比如设计生命周期基金，可以根据生命周期来设置投资计划，年轻人可以多投向权益类资产，老年人多投向安全的货币型资产，可以根据不同年龄段来获取不同的风险偏好的产品。

三、配套制度改革要跟上

要推出第三支柱个人养老金账户计划并非一蹴而就，发展第三支柱还需要完善税收优惠，引入房地产投资信托基金，推出 FOF 产品等一系列的配套制度改革。

一是要完善税收制度改革，并限制市场投机性。利用税制改革激励第三支柱发展，可以以税前征收、限额管理的方式来鼓励第三支柱，对退休前提前支取的要征收惩罚性征税，鼓励居民在离退休后取出，并低税率征收。另外，养老金税收优惠政策应针对养老账户而不是养老产品，既保证产品层面的公平竞争，又能让受益人在账户层面充分享有税收优惠激励。二是大力引入房地产投资信托基金（REITs），实现房地产市场的证券化，置换地方债务压力。三是推出公募 FOF 产品，作为第三支柱的资产配置工具。

第三支柱个人养老金账户计划作为国际养老金发展的主流趋势，对国内发展养老市场有很大的启发，引入第三支柱有利于解决养老问题，实现养老资产的保值和增值。此外，个人税延养老账户计划的发展对破解我国当前的金融乱象也有积极作用。美国等发达国家的发展经验告诉我们，随着美国第三支柱养老金体系的形成，美国人的储蓄被有效引导进入了第三支柱，不仅有效解决了储蓄资金低效利用的问题，还通过资本市场将这些资金应用于教育、医疗等实体经济领域，支持并分享社会经济发展成果的同时，把养老资金的保值增值问题也解决了。

而针对社会关注较多的养老金入市问题，基金可以满足养老金对收益和安全的需求，发挥中流砥柱的作用。究其本质，养老金入市并不可怕，可怕的是无制度规则盲目入市。目前，我国证券投资基金行业已经建立了规范完善的监管制度和市场规则，可以很好地满足养老金委托投资对收益和安全的双重需求。基金行业需从理念到制度建设全面提升自己，与基本养老金制度改革全面接轨，在服务养老金、服务资本市场建设方面发挥中流砥柱的作用。

第五章

长钱的经济社会作用

第一节 "乐龄式"养老探秘

人到了退休年龄,没有了养儿育女的烦恼,放下了竞争激烈的工作,身心感觉到前所未有的自由、愉悦,甚至是幸福、享受感等,真正到了"快快活活安安乐乐的年龄"——乐龄。然而,这"乐龄"生活的一切美好前景是需要具备一定前提条件的,即要有完善的养老金体系来保障。我国当前养老金体系面临严重挑战,存在不少问题,承受着非常大的压力。

一、为什么说从长远看,养老金体系面临着挑战

我国养老金体系包括城镇职工和城乡居民两大部分。其中,城镇职工养老保险制度还是我国目前的养老金制度的核心,虽然从人数上讲,我国城乡居民更多一点,但是作为养老金体系来讲,城镇职工还是核心部分,特别是机关事业单位也加入了

以企业为基本模式的养老保险制度。随着城镇化的加快，越来越多的农民进入城镇之后，就会成为城镇就业大军中的一员，必然会加入城镇职工制度中来。所以，城镇职工养老保险制度目前仍是专家的研究焦点。

中国老龄化是我们必须面对的挑战，而且这个挑战可能是人类社会没有遇到过的大规模的深度老龄化问题。众所周知，一个小国可以由别的国家来帮扶，但是一个大国出现诸如粮食等这些与广大民众息息相关的民生问题，谁来养活？那么多老年人，谁来为养老金出力？只有我们自己。

二、我国养老金体系遇到的问题是什么

就当前来讲，我国养老金储备不足。我国的养老金资产占GDP的比重还不到10%，而同样的大国，诸如美国却将近本国GDP的150%，OECD成员国也相当于本国GDP的77%。根据已有研究结果表明，如果我国现行有关养老金的政策不变，我国到2050年养老金缺口将超过GDP的70%。同时，我们还遇到一些新挑战，养老金替代率连续下降。当然，大家说实际收入还在增长，但是毕竟养老金与在职职工的平均工资相比，下降的曲线还是非常值得警惕的。这反映了什么问题？为什么退休人员不断要求提高待遇？显然，我国当前不断提高的养老待遇其实已经和养老金制度供给之间产生了一个矛盾。也就是说，现有制度的供给已经无法承受人们要求不断提高养老金这样一个压力。

我们可以从供给侧改革来看，为什么说养老金体系制度供给不足？由于美国是最大的发达国家，而中国是世界上最大的发展中国家，因此我们选取美国为对比参照物。先看一下养老金规模，美国养老金资产2017年整个规模已经达30万亿美元，相当于美国当年GDP的150%，反观中国基本养老金与企业年金总共才有6.31万亿元人民币，只占中国当年GDP的很小一块比重。再看一下养老金结构，中国大部分养老金资金都是依靠第一支柱——基本养老保险留存下来的，而美国养老金资金

的 59.7%、29.3% 是依靠了第二、第三支柱。这是什么概念呢？我们总听说美国人民不存钱，中国人民存钱，中国储蓄率太高，消费率太少。但是，这些数据告诉我们，美国人在养老方面制度化地存了一大笔钱，无疑对我们以往的观点产生了冲击。如果说美国一个国家不足以作为比较，那么我们可以再看一看 OECD 成员国，OECD 成员国平均在第二、第三支柱上面的储蓄相当于 GDP 的 77%，将近 80%。而中国在第二、第三支柱上面的储蓄只相当于 GDP 的 5.1%。

三、为什么会出现这样长期的养老资金压力

这主要还是陷入了制度上的困境。因为，我国基本养老保险改革过多次，同时也相应地做了很多探讨，但依然是现收现付制，并没有真正实现改革初衷。相应的，我国基本养老保险的个人账户也改了很多次，但从总体上看，基本养老保险的个人账户仍然是空账，并且空账规模还在增加而非减少。另外，我国基本养老保险缴费基数普遍不实，特别是来自机关事业单位的基本养老保险缴费基数能够更多地体现出这一点。由于基本养老保险缴费基数不实，必然就会导致缴费率过高问题。同时，基础养老金待遇的计发政策也会影响全国统筹。基本养老保险的隐性债务，这是由于一个制度的转型必然有隐性债务问题，即使是机关事业单位转成企业模式之后，也会导致隐性债务问题。我们不能回避问题，需要找到解决问题的办法。

若想将我国现有的多层次养老保险转为多支柱的养老金体系，那么第一支柱就要实现统账分离，建立起真正的第一支柱。分离出来的个人账户养老金可以和现在的企业年金、职业年金合并，建立有中国特色的第二支柱的职业年金，其中一部分是现有政策确定的，即每个人都交的 8%；另一部分是企业已经建立的企业年金，以及机关事业单位人人都有的职业年金，构成第二支柱。与此同时，我国还应该加快建设第三支柱——个人税延的养老金制度。

第一支柱仍然是现收现付制度，需要精算平衡，实现一定意义上的多缴多得，

但最重要的还是积极构建再分配机制。第一支柱的再分配机制要保基本，保证养老安全；第二支柱可以把强制性和自愿性相结合，提高替代率水平，力争把已经有空账的部分做实，避免养老空账的代际传递问题。此外，第二支柱的积累要市场化运作，多年经验已经证明，社保基金运作在中国资本市场还不怎么完善的情况下已经取得很好成就。因此，从未来看，资本市场需要具备一定条件才能运作养老金。第三支柱应该基于我国现实情况，积极有序推动发展。

我国三支柱建设的特点是什么？统账分离。党的十八届三中全会提出，要完善个人账户制度。基于我国国情，怎么完善个人账户呢？这就需要统账分离。当然，过去搞统账结合也是有道理的，并且也取得了很大成绩。但是，经济社会发展到今天，我国个人账户已经到了该实施统账分离方式的时候了。统账分离，各司其职，各个支柱完成各个支柱的任务。政府应该承担起丰富养老金种类，构建不同机制，完善养老金监管的职责。

特别是，政府构建第一支柱时要切实做实缴费基数，真正按照老百姓的工资收入实现缴费，完善缴费记录，实现真正意义上的宏观精算平衡。以美国为例，为什么个人要交 6.2%，道理在哪儿？这是宏观精算平衡的结果。对于第二支柱，政府要平稳整合起步，完善政策支持。规范投资体制，共享经济社会发展成果。这是老百姓未来共享经济发展成果的一个重要渠道。我们不能光有工资性收入，还应该有资产性收入，那么资产性收入从哪里来？养老金将是重要渠道。至于第三支柱，政府应该采取个人自愿建立原则，实施税收政策优惠，委托机构运行，实现有效补充。

这样一个养老金体系构架有什么好处呢？它有助于应对我国老龄化风险，减少未来第一支柱养老金缺口风险，同时也能够厘清政府和市场关系，真正实现养老责任共担。有助于实现再分配和激励性的兼容，这是由于该制度设计中有再分配保障，又有激励制度设计。同时，政府还要重视投资增值，少增加参保者缴费负担，通过资本市场运营、投资的增值，来保障在职者的平衡负担。

人口老龄化是 21 世纪最重要的人口现象和社会现象之一，并对经济社会的发展产生越来越重要的影响。根据联合国的统计资料，2017年全球60岁及以上的人口为9.62亿人，占总人口的13.0%，预计到2050年，全球60岁及以上的人口将达到21亿人，所占比例将增至21.4%，占全球总人口的1/4。由于社会、经济等综合因素的影响，人口老龄化也将成为发展中国家的一个主要问题，预计发展中国家21世纪上半叶人口将迅速老龄化。当前，中国人口老龄化也正在呈现加速发展的态势，根据"中国养老金融50人论坛"宏观模型的定义，超老龄社会的基本特征是：年龄超过80岁以上的老人占总人口比例达到或超过5%。根据该模型的统计和预测，中国将在2030—2035年达到超老龄社会。为迎接老龄社会的到来，我们应该从战略角度对养老金融做出长期计划。

第二节　射向养老的三支箭

中国未来几十年发展面临的重大挑战之一就是人口老龄化。习近平总书记在2016年年初对加强老龄工作做出重要指示时强调，有效应对我国人口老龄化，事关国家发展全局，事关亿万百姓福祉；要做到及时应对、科学应对、综合应对。2016年5月，中共中央政治局就我国人口老龄化的形势和对策举行集体学习时，习近平总书记再次强调，要坚持党委领导、政府主导、社会参与、全民行动相结合，坚持应对人口老龄化和促进经济社会发展相结合，坚持满足老年人需求和解决人口老龄化问题相结合，努力挖掘人口老龄化给国家发展带来的活力和机遇，努力满足老年人日益增长的物质文化需求，推动老龄事业全面协调可持续发展。

我国在进入中等收入水平的同时，进入老龄化社会。由于我国人口结构的特殊性，老龄化速度比发达国家快得多，但是全社会对老龄化在思想上、制度上、物质上都准备不足，因此与发达国家相比，我国老龄化呈现出特有的"未富先老""未备先老"的特点。

一、三支柱养老金体系具有应对人口老龄化的显著优势

我国学术界对现收现付制和基金积累制有过较长时期的争论。国际经验证明，现收现付制在人口结构年轻、经济发展较快、工资增速较高的情况下，具有一定优势。现收现付制在经济发展趋于平缓、工资增长速度缓慢的情况下，特别是人口年龄老化的背景下将面临巨大挑战。基金积累制在工资收入达到一定水准、资本市场建设具有一定基础时，对促进养老金体系可持续性，以及改善国民养老保障能力优势显著。但是基金积累制也存在资金运作的风险。可见，采用任何一个单一的模式都不是养老金体系的最优选择，特别是在人口老龄化背景下。从国际经验来看，随着人口老龄化的进一步加剧，以及资本市场的不断发展，各国越来越多地选择了多支柱养老金模式。

在20世纪80年代逐步显现的人口老龄化危机的影响下，当时以现收现付模式为主的养老金制度面临财务平衡难以持续，国家财政负担加重，老年人生活保障面临挑战。在此背景下，世界银行总结智利等国家的养老金改革经验，在1994年提出了"三支柱"养老金改革模式，试图对上述问题给予回应，核心思想是不谋求在一个养老金制度内解决老龄化带来的困境，而是通过不同模式的多个养老金支柱，共同应对。

第一支柱是由政府立法强制实施的公共养老金计划，其资金来源要么是公共财政，要么是雇主和雇员的缴费（税），现收现付，财政兜底。后者是世界各国采取的主要模式。公共养老金是国民，特别是低收入国民的主要老年收入保障，各国在制度设计上，既鼓励多缴多得，也考虑收入再分配，侧重关照低收入群体。

第二支柱是职业养老金计划，一般由企业和个人共同缴费，体现企业和个人养老责任，在有些国家成为三支柱养老金体系的主体。与现收现付制的第一支柱不同，

职业养老金一般采取积累制,并且越来越多的职业年金从待遇确定(DB)型转为缴费确定(DC)型,由参保者工作期间的缴费及其投资收益形成养老金来源,退休后的待遇水平取决于在职期间的养老金积累,体现劳动者一生收入精算平衡原则,能够较好应对人口老龄化。完全积累制还会促进资本积累和金融市场的发展,并减少人们对第一支柱的依赖。应该指出的是,以美国为代表的部分国家,第二支柱的职业养老金是自愿实施,国家通过税收优惠政策给予扶持和引导。同时,还有很多国家实施强制性的职业年金计划。

第三支柱是自愿性个人储蓄养老金计划,采取完全积累制,由个人自愿缴费,国家给予税收优惠,体现个人养老责任。目标是为那些希望有更多老年收入的人提供更多的经济来源。

第二支柱职业养老金和第三支柱个人养老金都是积累型养老金,其共性是政府提供税收优惠,鼓励民众参与。在资金上体现为先积累后使用,即年轻时逐步积累资金,市场化投资运营以保值增值,退休后使用资金。职业养老金和个人养老金的差异是制度主导方不同,职业年金是雇主主导,该制度还可以发挥稳定骨干员工分享企业发展成果等人力资源管理功能。个人养老金主导权在个人,无须雇主发起,灵活性更强,能为个人的老年退休生活提供更多的保障。积累型养老金的作用有三点,一是减轻公共养老金的支付压力,降低民众对公共养老金的过高期许;二是保障参加者老年生活水平不下降;三是为资本市场提供稳定的"长期资本",促进资本市场的发展,同时为实体经济提供了长期持续的资金来源,助力转型升级。为此,各国都对职业养老金和个人养老金予以税收优惠,促进其发展。

二、我国三支柱养老金体系发展不均衡

我国养老金制度建设取得了很大成就,但是还无法应对老龄化社会的挑战。我国在20世纪90年代就提出建立多层次养老保险,但是至今进展缓慢。政府主导的、

作为养老金制度主体的城镇职工基本养老保险存在三大问题。

一是没有实现原制度设想的部分积累制目标,未来政府财政压力越来越大。现行的养老保险体系中,基本养老保险采取社会统筹与个人账户相结合的制度模式。社会统筹部分实施现收现付制,通过基金在社会成员间的调剂使用促进代际再分配,个人账户部分实施完全积累制,意图通过基金投资积累,缓解未来养老金危机。合理的"统账结合"模式应该能够实现代际再分配功能与激励功能的结合,体现社会互济和个人责任相结合的原则。但是,由于改革过程中对转轨成本和隐形债务所需资金没有明确的制度设计,因此在实际执行中,当社会统筹账户资金不足时,就大量借支个人账户基金,导致个人账户的"空账运行"。这种状况与改革前的现收现付制没有实质性的区别,"统账结合"只是一种支付方式的制度设计,已退休者养老金的来源仍然是在职者的养老保险缴费,是事实上的现收现付制。

二是存在名义缴费率高、实际替代率低的问题,企业与退休职工都不满意,制度承受着越来越大的提高养老金待遇水平的压力。我国目前基本养老保险缴费率为28%,从世界范围来看,OECD成员国公共养老金缴费率平均水平在20%左右,我国公共养老金名义缴费率偏高。与此同时,我国基本养老保险替代率从2000年以来持续下降,从1997年的70%左右下降到现在的45%,低于国际劳工组织公约养老金替代率为55%的最低标准。

三是基本养老保险"一支独大",挤压了第二支柱和第三支柱的发展。我国养老金体系中,由于基本养老金缴费比例过高以及缺乏税收优惠激励,企业年金发展缓慢。截至2018年年底,全国有8.74万户企业建立了企业年金,参加职工人数为2388万人,仅为职工基本养老保险参加人数的4.6%,绝大多数职工无法享有企业年金。2018年年末企业年金基金累计结存14770亿元,占基本养老金资产的25.4%,人均企业年金资产6.19万元,对于参保职工的养老保障作用相当有限。此外,第三支柱个人税延养老金尚未真正建立,结果是基本养老金负担绝大部分养老责任。退休人员也将养老待遇完全寄托于基本养老保险制度,长此以往,国家财政将面临巨大压力。

积累型养老金制度的缺失使大量的居民养老积蓄以存款、理财资金等进入银行体系，造成储蓄率高的"假象"（美国2018年年底储蓄型养老金资产总额相当于当年GDP的150%，同样口径，我国不足10%），同时这些资金以"短钱、热钱"的形式在金融体系内"游动"，有可能对资本市场造成扰动和冲击，造成金融体系不稳定。

三、我国三支柱养老金体系的重构与完善

按照党的十八届三中全会的精神，我国应当"坚持社会统筹和个人账户相结合的基本养老保险制度，完善个人账户制度，健全多缴多得激励机制，确保参保人权益"。如何实现十八届三中全会的精神，作者认为，应当对现行城镇职工基本养老保险制度进行改革。改革的重点是将第一层次的社会统筹与个人账户进行分离。应当将社会统筹部分转化为第一支柱，改革的要点是做实缴费基数，完善缴费记录，宏观精算平衡，确保养老安全。将分离后的个人账户养老金与企业年金、职业年金合并，形成第二支柱，改革的要点是平稳整合起步，完善政策支持，规范投资体制，共享发展成果。在推进第一支柱和第二支柱建设的同时，加快推进第三支柱的建设，建设的要点是个人自愿建立、税收政策优惠、委托机构运作，实现有效补充。总之，三支柱体系的特点是统账分离、各司其职、多种机制、完善监管。

首先，构建我国三支柱养老金体系的原则。一是制度可持续性。由于人口老龄化加剧，以及此前养老金储备相对不足，职工养老金体系面临的核心挑战之一是远期财务不可持续，陷入入不敷出的困境。因此，促进制度长期可持续发展是养老金制度改革的原则之一。二是制度全覆盖。养老保险是国民实现老年生活保障的手段，只有实现"应保尽保"，才能实现养老保险建制目标。三是养老金充足性。2006年至今，我国基本养老金已经连年上涨，但是一方面我国目前养老金替代率仍维持在

40%~50%的水平，低于国际警戒线；另一方面养老金支付压力逐步增加。尽管养老金长期面临缺口，但是仍然应当确保适当合理的待遇水平。四是制度公平性。养老金体系属于二次分配范畴，特别是基本养老金作为防止老年贫困的社会安全网和调节社会收入的再分配方式，必须以公平性作为制度设计的出发点。

其次，调整第一支柱公共养老金制度，明确其现收现付性质。在各种三支柱模式中，第一支柱的核心都在于促进社会再分配，以防范老年贫困为目标。现收现付制是促进社会再分配的有效手段，因此，我们建议，将目前基本养老金保险中的"社会统筹"部分独立，改造为公共养老金，使其成为多支柱养老保障体系的第一支柱。

一是需要调整公共养老金替代率，减轻未来养老金缺口。从世界范围来看，三支柱的养老金模式中，由于公共养老金都以防范老年贫困为目标，所以替代率水平相对较低。2017年OECD成员国公共养老金的平均缴费率为21%，替代率水平为57.6%。2018年我国基本养老金的社会统筹账户缴费率为28%，而所提供的替代率为50%左右。建议公共养老金维持当前社会统筹账户20%的缴费率不变，在完善第二支柱和第三支柱之后，将第一支柱待遇水平调整到与OECD成员国基本相当，即40%左右。

二是加强征缴管理，实现缴费基数真实化、足额化。目前，政策规定养老保险缴费基数可为当地社会平均工资的60%~300%，许多企业就以最低水平确定缴费基数。公共养老金制度下，应当消除当前基本养老金缴费基数不实的问题，否则养老金收支将受到较大影响，也不利于真实评估养老金运行情况。而能够实现缴费基数的真实化，意味着缴费效率提高，从而为降低缴费负担提供可能。

三是改革公共养老金计发办法，实现激励与再分配融合。在现有计发办法下，将养老金待遇与当地社会平均工资相关联，能在统筹区域内实现一定社会再分配，但是由于不同区域社会平均工资的差异，不利于养老金在更大范围内的再分配。应探索养老金计发办法与个人缴费额和缴费年限挂钩，与社会平均工资脱钩，这样既可以实行一定意义上的多缴多得，又可以解决劳动力流动所带来的繁杂的转移支付问题。

再次，整合完善第二支柱养老金制度，强化其补充养老功能。在三支柱体系中，第二支柱的职业养老金往往是参保者退休后的主要收入来源，待遇水平依赖于缴费规模及其投资收益。在我国三支柱养老金体系中，应当在多渠道补充个人账户资金缺口的基础上，将其与企业年金、职业年金计划合并，组成第二支柱养老金计划。分别成为强制性的个人账户养老金和自愿性质企（职）业年金计划。对于个人账户养老金，保持当前8%的缴费率不变，实账运行，通过市场化的投资运作，实现保值增值，提升自我保障能力。

第二支柱的任务是稳步发展。由于机关和事业单位已经普遍实行了职业年金，而企业只有不到10%的员工有企业年金，发展企业年金的呼声较高。但是，由于经济增速下滑，企业社会保险（五险一金）压力大，在短期内迅速扩大企业年金覆盖面是不现实的。理想的办法是将企业年金制度与机关事业单位的职业年金制度统一、税收优惠的缴费率统一。

最后，大力发展第三支柱个人养老金，提高老年收入保障我国基本养老保险制度需要调整完善，同时第二支柱需要稳步发展，但这两项工作都不是可以一蹴而就的，需要各方面的政策配套，难以在短期内完成。因此，加快第三支柱建设成为破解难题的突破口。

第三支柱的个人养老金并不是人们通常讲的商业养老保险，其根本区别在于，个人养老金是养老金体系的一部分，享受税收优惠，而商业养老保险更多凸显个人较高层次的养老意愿，一般不享受专门的税收优惠。综观世界各国，设立个人养老金的目的，一是弥补制度缺失。由于职业养老金是雇主自愿发起的，对一些中小企业、创业企业、低层次劳动密集型企业而言，雇主往往缺乏动力或者实力设立职业养老金，在这些企业的就业者就失去了通过税收优惠积累职业养老金的机会。为了弥补制度缺失，就出台了税收优惠的个人养老金。二是适应劳动力市场灵活性增加的需要。近年来，由于产业结构的变化，传统的劳动力市场发生很大变化，各种灵活的劳动用工方式纷纷涌现，雇主经常性的变换使传统的职业养老金失去了吸引力，个人养老金的制度优势开始显现。三是有助于中产阶层更好地应对老龄风险。经济全球化在推动经济增长和财富增加的同时，也带来了风险的不确定性。中产阶级在收入增加的同时，也愿意增加养老资产积累，以抵御老龄风险。

总之，我国老龄化速度远远快于其他国家，将很快步入重度老龄化甚至超老龄化时代。我国养老金融发展总体滞后，必须抓住当前紧迫的时间窗口，全方位重视养老金融发展，为我国应对老龄化挑战做好金融准备。

第六章

养老金与资本市场

第一节　养老金融缘何发展不畅

养老金融缘何发展不畅？一个是养老产业的问题，再一个是养老金的问题。养老产业作为全产业链，它的定性应该是第三产业，是服务业。所以养老产业，我们用养老服务业来概括它，应该可以概括到百分之八九十的业务，这是未来的朝阳产业，需要我们重视。养老金融应该有几个支点，而非大家理解的非要把信贷等几个金融机构联合起来服务于养老产业就叫养老金融了。其实，美国的基金是18.75万亿美元，其中将近一半掌握在养老金手中。美国的养老金像401k计划这两年持有共同基金的比例，股票基金、货币基金等加起来高达百分之七八十，股票持有一般不超过10%的资产，但是都是强制，不像中国做限制比例的规定。但是，它要求有对风险管控的能力。养老金融可以理解为养老金的投资管理，这是养老金融的一个大支柱，不能忽略。从私人养老金到社保基金都有管理的问题，这是养老金融的主力板块，养老保险和养老金融天然地结合在一起。相比美国而言，制约中国养老金融做大做强主要存在三个因素。

一、未富先老

罗伯特·J. 希勒揭示了一个社会现象，政客们通常不愿意解释管理风险方式的正当性，只是一味地谈论人们受到政府的慷慨援助，而忽视这种援助是以另一部分的慷慨付出为代价的。人口老龄化导致人口结构和老年人口赡养比的变化，这将挑战传统的养老观念和制度。

中国进入倒计时解决"未富先老"问题的创新时代。当前，我国的财富积累还没有做好准备，社会的心理状态没有到位。2000 年 60 岁以上的人口占比达到了 10%，65 岁以上的达到了 7%；2017 年的数据，60 岁以上人口占比达到了 17.3%（见图 6-1），65 岁以上人口已经占到了总人口的 11.4%，这种老龄化是非常快的。我国的养老金占 GDP 的比重基本上是 9%，可以忽略不计。

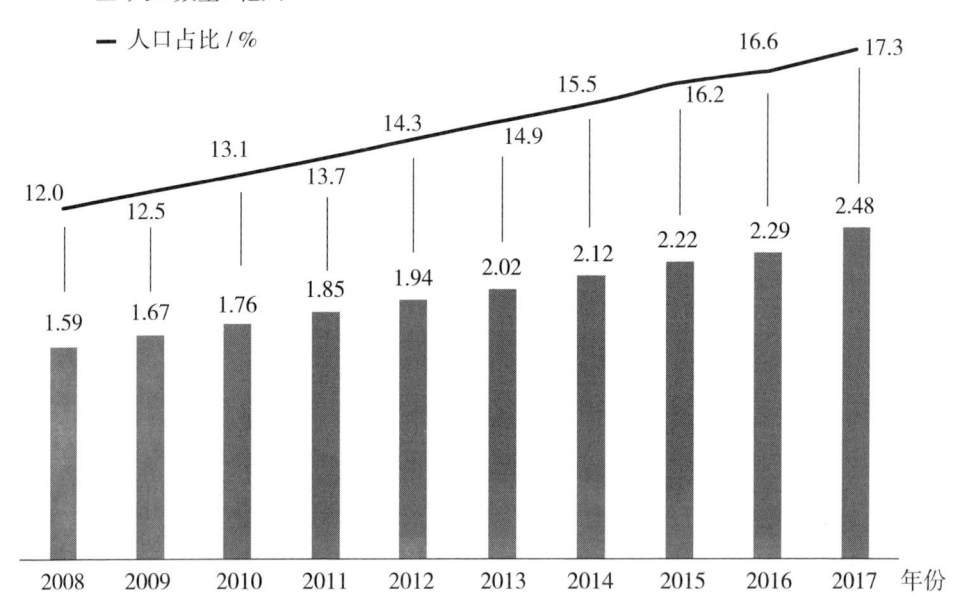

图 6-1　2008—2017 年中国 60 岁以上人口数量及占比

中国在快速老龄化的同时伴随着未富先老的社会问题。第一，进入老龄化时点的人均 GDP 很低，是美国和日本的 1/9，是新加坡的 1/24。第二，中国人均消费曲线呈现"三高两低"的畸形状态，三高即指中学教育、结婚购房和老年就医阶段消费多，大大高于平均消费水平线，显示出教育保障、住房保障和老年医疗保障的不足。两低即指中年阶段低消费，人力资本的教育和健康投资很少，劳动人口难以支撑到 65 岁退休，阻碍中国提高退休年龄的需求；老年阶段低消费和负消费，对拉动内需的经济发展战略形成了负效应。

一旦进入深度老龄社会，老年人口赡养比约为 5∶1，这不仅出现了劳动人口供给的路易斯拐点，更出现了代际之间的边界赡养比，即青年一代的养老金税费率达到 10%，老年人的养老金替代率为 50%（低于国际劳工组织最低标准公约关于 55% 的规定），青年一代的可支配收入为 90%。其中，30% 用于日常开支，30% 用于购买首套住房，30% 用于抚养孩子。届时如果一味提高劳动人口的税费率，必然导致劳动人口个人和家庭破产，从而扭曲劳动力市场。第一，高税费率将迫使劳动人口放弃学习和提高人力资本，以避免个人破产；第二，高税费率将迫使劳动人口转向非正规就业和获取灰色收入，以解决家庭生活的安全性问题。这些均不利于国民经济的健康和持续发展。

二、社会中介组织缺乏

美国有 78% 的劳动者在从事第三产业服务，中国政府部门和企业部门承担着当今中国的主要的养老资源的建设、投资、运作、运营。但是，中国最缺乏的就是第三部门——志愿者部门。志愿者部门包括非政府组织、非营利组织、各种公益组织、慈善机构、协会、社区、社工、义工、志愿者。这是一个社团的基本架构，需要在政府部门和企业部门之间做润滑剂，是承载养老产业的重要黏合剂。它是非强制的，非营利的。据美国劳动统计局报告，在美国的 16~65 岁人群中，每 4 个人中有 1 个人参加志愿者活动,平均每年是 54 小时,中国还没有形成这种氛围。当然,美国有大量的基金会、公益组织、慈善机构。所以我们知道,在 20 世纪 60 年代约翰逊总统提出的伟大社会,相当于中国的和谐社会,在 20 世纪 60 年代,美国茁壮成长,雨后春笋般批量的社会服务机构、社区的公益非强制的东西冒出来,一直到今天还在繁荣,这就是所谓的伟大社会的基础,也是公益社会的一个根基,而我们没有。这是需要大家注意的。

三、政策整合欠缺

在政策的整合方面我国有所欠缺,而美国做得非常好。大家知道,美国的医保是 1965 年才推出的。美国的医保采用社会养老保险,终身缴费,年满 65 岁以上的老人才有资格享受医保。它的理由是什么?老年人是医疗资源的最大用户,最薄弱的环节,美国人要想方设法将社会保险的资源用在刀刃上。美国的社会养老保险很有意思的一条,写的是有利于家庭的团聚、家庭的稳定。原则上年满 62 周岁的老人,比照去世的配偶,可以领取配偶的养老金的一半。美国的一对夫妻中,如果一个人有稳定的工作,有社会保险,则另外一个可以不工作;如果离婚的话,要保持 10 年的婚姻才有效率,离婚了都可以享受前配偶的养老金的一半。美国的住院费比较昂贵,床位比较紧张。美国还有一条,鼓励住院病人,尤其是老年慢性病人回家——从医保里刷费用,可以在家里护理,不在医院住院,不占床位,由第三方派出医疗专家和顾问上门护理,医疗卡不给本人,直接给第三方机构。养老产业有无数的供应商,来自医疗的、服务的各个方面。这样的整合是到位的,能够把公共的资源整合,同时能够通过政府的服务采购,跟第三方的志愿者进行沟通,政策如果不打通的话是很麻烦的。美国人的商业保险非常全面,提供全额保单,可以让你的整个费用全部报销掉。在美国,一个人买不起保单、看不起病怎么办?政府给你报。

老年金融应该是一个产业链,是一个生态,是一个整体,我们不能把它割裂出来，也不可能，我们必须要做资源的整合、政策的整合，这样才有可能将养老产业用最短的时间做大做强。

第二节　养老金融发展路在何方

在我国面临日益严重的老龄化挑战的背景下，2016年中国人民银行、民政部、银监会、证监会、保监会联合发布了《关于金融支持养老服务业加快发展的指导意见》（以下简称《指导意见》）。这是我国落实党的十八大，十八届三中、四中、五中全会的精神及"十三五"规划的重要指导性文件，也是及时、全面、综合应对人口老龄化的重要体现。《指导意见》主要包括8个方面，共23条，这些具体措施，确实为我们国家勾画出了金融支持养老服务业加快发展的全景式的蓝图。同时，《指导意见》中提到，到2025年要基本建成覆盖广泛、种类齐全、功能完备、服务高效、安全稳健，与我国人口老龄化进程相适应，符合小康社会要求的金融服务体系。这个任务很艰巨，但是目标是很令人鼓舞的。所以《指导意见》的出台，不仅对养老，而且对金融业的发展也有重要的指导意义。

一、发展养老金融意义所在

中国发展养老金融业意义重大。不光养老金制度是政府公共服务最重要的构成要件之一，而且养老金融既是养老产业的重要组成部分，也关系到未来整个金融业的发展方向。

首先，养老金融直接回应了人口老龄化的挑战。十八届三中全会提出了"公平可持续"的要求，其中"可持续"对养老金融也具有一定的指导意义。虽然国际上不同的金融体系下面养老金制度的设计也不同,但养老金制度的设计总离不开养老基金的投资、配置与运营。从宏观的角度来看,养老金融业不仅仅是人口老龄化催生的新型产业,还是未来老龄社会条件下的新型金融产业。离开养老金融的基础,不光其他产业的发展会失去支撑,甚至整个经济社会的发展会被人口老龄化所拖累。

其次,养老金融业涉及国家宏观金融体系的发展。仅仅是养老基金投资,就可能涉及银行、保险、证券、基金、信托和房地产等所有金融领域。从美国的经验来看,截至2017年年底,其养老金体系的第一支柱公共养老金的规模是2.9万亿美元,第二支柱企业年金账户是16.8万亿美元,第三支柱个人退休账户是9.2亿美元,三大支柱总计约为当年美国GDP总量的1.5倍。将来中国的养老金融市场极有可能达到和超越美国的养老金融市场。如何通过资本运作创新金融经济、发展养老金融业,不仅关系一个国家全体公民老年期的生活和生命质量,而且关系到一个国家的虚拟经济乃至整个宏观经济的健康运行。所以,需要国家从宏观层面上尽早进行顶层设计、未雨绸缪,为中国养老事业和金融事业发展奠定基础。

再次,开发养老金融业还要着眼于宏观经济系统。当前中国经济进入"新常态",经济结构正在进行战略性调整,除了加强宏观调控外,从金融的角度来说,开发老龄金融业将是一个重要的金融战略。发展老龄金融业,可以提供多元化、多层次的老龄金融产品,而且其刚性将不断增强,需求总量也会越来越大。从宏观经济运行来看,老龄金融业的发展是未来宏观经济调整的重要着力点,推动老龄金融业的科学发展,不仅有利于经济平稳运行,还可以避免宏观经济系统性风险。当前中央就生育政策、劳动力流动等方面进行的政策调整,实际上也对养老金融产业的发展提供了动力。

最后,养老基金投资本身就是证券投资基金业的重要构成部分。在一些资本市场较为发达的国家,养老基金是非常重要的资本市场参与者,可为资本市场提供稳定的资金来源。同样,一个长期稳定的资本市场也对实体经济具有良好的促进作用。中国资本市场建设踟蹰不前的一个重要原因,是缺乏真正的长期资金和长期机构投资者，而养老金融涉及资金的长期性正好满足了这一点。养老金的市场化管理需要有良好的制度设计和监管环境，并且要有稳健的长期投资理念和配套的考核激励导向，这对促进中国资本市场发展具有积极意义。

二、金融支持养老服务业的发展有三大抓手

第一个抓手是金融对养老产业的支持。老龄化背景下，老年群体到哪里去养老，怎样满足老龄化的不同层次需求，就对养老产业的多层次发展有了相应的要求。如何适应不同收入阶层的需求，发展多种多样的养老产业是应对人口老龄化的重要内容之一。所以这是一大抓手，要有养老产业，提供各种服务，满足老年人的需求。

第二个抓手是金融参与养老金体系建设。作者在中国养老金融50人论坛的首届峰会上谈到，我国现在的养老金体系还不够完善。第一支柱养老金体系发展迅速，但是第二支柱、第三支柱还很薄弱，需要尽快完善起来。三支柱、多层次的养老金体系会更有利于老百姓实现更安心、更全面的养老保障。同时，养老金体系的建设离不开金融业的支持，有了金融业的支持，养老金体系才能够更好地发展。《指导意见》的第六部分对金融支持养老金体系建设做了相应的阐释。

第三个抓手是对老年人金融服务的支持。很大一部分老年人实际上是有资产的，但对于怎么花钱却是不明白的，很多时候不敢花钱，更多的是将资产投资于不恰当的金融产品。如何通过养老服务金融服务更好地发挥其已有资产的效用，从而使老人更幸福地度过晚年，这方面还有大量的工作要做。所以，金融支持养老服务业在对象上有养老产业，有养老金体系，有对老年人的金融服务。

三、养老金融发展不能墨守成规，需要创新

养老金融发展需要多维创新体系。一是产品创新。我们提供什么样的产品能够

为老年人服务，满足老年人的多样化需求？这就需要为老年人提供服务的组织、企业不断加强产品创新，不能只关注过去那些传统的东西，需要有一些创新型产品。二是组织上的创新。谁来提供养老？主体不应该太过局限。这就要求要有组织上的创新，包括社区、非营利组织、非政府组织等各种各样的组织，都可以参与养老事业建设。三是技术上的创新。现代社会的技术发展十分迅速，"互联网+"也不断应用到各个领域，如何将这些先进的技术运行到养老金融服务中去，是需要积极探索的。

总之，无论是产品创新、组织创新，还是技术创新，最终的目的都是不仅让老百姓能够老有所养，而且能够让他们通过养老金融服务来实现更高质量的老年生活水平，能够幸福安康地度过晚年，这是更大的目标。

四、从供给侧发力发展养老金融

养老金融需要有多种模式、产品的有效供给。养老模式全世界都在探索，中国的起步比较晚，应该在构造有效供给的努力中争取"后发优势"。一方面，要做好制度和模式供给。目前中国的养老金制度供给结构并不合理，过于倚重第一支柱社会统筹和个人账户部分，而第二支柱的企业年金、职业年金和第三支柱的个人税优退休账户所占比例很小，导致整个养老金制度的财务不可持续。所以，今后中国养老制度的改革，应从供给侧着手，不仅要通过国有资产转持、提高投资收益等措施扩大养老基金总规模，还要优化供给结构，扩大私人养老金比例。另一方面，还要做好产品与服务的有效供给。要通过养老金融，对社区养老、居家养老、临终关怀、养老园区等形式予以支持。特别是，可以鼓励有条件的商业机构探索利用综合化金融平台，整合医疗、地产等实业机构跨界合作，实现养老服务供给与需求更好地融合。

养老金融需要贯彻创新理念，需要政府和市场的通力合作。党的十八届五中全会提出的"五大发展理念"中,居于首位的就是"创新"。在供给侧结构性改革中推动养老金融发展,需要制度创新、管理创新与技术创新的结合与互动。在充分认识和尊重市场规律的同时,一定要根据中国的实际情况有所创新。例如,我国传统的理财文化和孝道传承,就十分有利于养老金融当中对个人责任和家庭责任的期待,可以在市场产品设计和政策制定时加以参考。政府还可以加大对养老金融的政策扶持力度,鼓励社会资本参与养老产业建设,制定相应的财税补贴及利率优惠政策等。

养老金融需要被纳入供给侧结构性改革的系统工程中。从中央的倡议到学者的解读,都特别强调了供给侧结构性改革要落到整个供给体系质量和效率的提高上去。所以,推动和发展养老金融是一个系统工程和长期事业。养老金融所要承担的职责、发挥的作用以及面临的风险,都要纳入全局性的、系统性的制度设计和考量中。要通过政府、企业和社会等多元主体的充分互动机制,形成引领新常态的有效供给体系,这需要多方面的通力合作。

第三节 养老金入市成为养老金融发展"动力源"

自 2014 年下半年开始,我国新一轮资本市场的变化给实体经济的发展带来了机遇,很多企业通过股票市场融资获得发展。然而,2015 年 6、7 月间股市的快速下跌也提出一些现实问题,在资本市场的长期发展中机构投资者可以扮演什么样的角色?近年来企业年金和全国社保基金已经入市,基本养老金即将入市,那么未来养老金将与资本市场、银行体系、保险体系如何深度融合?养老金融的发展和深化将给养老保险体系、金融市场带来什么发展机遇?

一、第一支柱基本养老保险基金如何入市

2015年两会期间，人力资源和社会保障部部长尹蔚民在记者会上明确表示：按照目前的规定，基本养老保险基金结余资金只能够买国债、存银行，处于一种贬值的状态。未来将坚持多元化的投资方向，一部分资金将进入股市。2015年6月29日，人力资源和社会保障部与财政部会同有关部门起草的《基本养老保险基金投资管理办法》（以下简称《管理办法》）开始向社会公开征求意见，基本养老保险基金可以投资不高于基金资产净值30%的股票、基金等权益类资产。此前由于投资渠道的限制，养老保险基金的收益根本跑不赢CPI。按照中国社科院世界社会保障中心主任郑秉文的测算，以CPI作为基准，养老金在过去20年贬值近千亿元。

截至2018年年末，城镇职工基本养老保险基金累计结存5.09万亿元，加上城乡居民养老保险基金累计结存7250亿元，全国基本养老金滚存超过5.7万亿元。基本养老保险基金入市已成定局，目前所应该考虑的是如何安全运营这笔庞大的资产，让养老金和资本市场深度结合以实现保值增值，避免出现由于运营不善而大规模亏损的情况。

根据《管理办法》的规定，在国有重点企业改制、上市时养老基金可以进行股权投资，但投资国家重大项目和重点企业股权的比例合计不得高于养老基金资产净值的20%，投资股票、基金比例不高于30%。为确保养老基金的流动性，该办法规定以后存款比例不低于5%。

可以看出，第一支柱基本养老保险基金比第二支柱企业年金的投资范围更宽，特别是国家重大项目和重点企业股权投资由于有国家背书，其安全性、收益性都可超过二级市场上的股票和基金。

很多人关心个人账户养老金投资股市的具体比例问题，如果以美国50年间所罗门兄弟AAA级债券的收益率标准差10%左右作为参考标准，可以计算中国的资本市场中股票、国债、银行存款三大类金融工具不同投资组合的预期收益和标准差，则

在股票比例投资 30% 以下时都是相对安全的，标准差在 10%~15%。如果进行海外投资，按照以美国标普 500 作为标的进行的养老金海外投资模拟投资组合计算，在股票投资中选择"60% 上证指数 +40% 标普 500 指数"的投资组合，则可以在同样收益水平下降低风险 20% 左右。因此，基本养老金投资目标应该以股票、债券等金融产品为主，同时股票投资可以考虑部分海外资本市场，以分散单一市场投资的风险。

可以预期，在《管理办法》正式实施后，由于第一支柱基本养老保险基金可以投资一年期以上的银行定期存款、协议存款、同业存单、剩余期限在一年期以上的国债、政策性（开发性）银行债券、金融债、企业（公司）债、地方政府债券、可转换债（含分离交易可转换债）、短期融资券、中期票据、资产支持证券、国家重大项目和重点企业股权、股票、基金、股指期货、国债期货等几乎全部金融产品，养老基金将与金融市场深度融合，成为金融市场的真正长期战略投资者。

二、第二支柱养老金投资资本市场促使养老金融深化

根据世界银行对我国社会保障制度改革的"三支柱"建议，我国的养老保险第二支柱是企业年金和职业年金，这部分资金应当且必须投资资本市场，是养老金融发展的主体。

在中国资本市场 20 多年的历史中，缺乏长期机构投资者一直是制约其发展的瓶颈。美国股市能够快速收复次贷危机的失地，以投资基金和养老基金为代表的机构投资者作为中流砥柱是一个重要因素。根据 OECD 2014 年发布的机构投资者报告，美国共同基金、保险资金和养老金三大类机构投资者投资股票的总市值高达 19.48 万亿美元，占股票总市值的 81%；而根据中国证券投资基金业协会、银保监会、人保部、全国社保基金理事会的统计，按照美国同样口径计算同期中国的证券投资基金、保险资金、企业年金和全国社保基金，这些资本市场的机构投资者拥有股票总市值为 2.87 万亿元，占比 12%。这鲜明的对比充分表明，美国是以机构投资者为主的股

市，而中国是以散户为主的股市。次贷危机之后自 2009 年起美国股市快速反弹并屡创新高，而中国的上证指数在 2014—2015 年反弹近翻番的情况下最高达到 5100 多点，也只是 2007 年高点 6000 多点的 2/3。而在 6 月中下旬到 7 月初的股市暴跌中几乎没有像样的反弹，股市缺乏能够屹立不倒的中流砥柱是最重要的原因之一。中美资本市场表现的巨大差距中，机构投资者的差距巨大。

截至 2017 年年底，美国积累制的第二、第三支柱养老金资产高达 16.15 万亿美元，是美国当年 GDP 的 100.7%，可谓"富可敌国"，其中投资股市比例高达 50.7%。同期中国可投资股市的企业年金和全国社保基金资产只有 6.31 万亿元人民币，投资股市比例为 23.2%，美国是中国的 55.8 倍。长期以来股票始终是美国养老基金投资的最重要资产，养老基金一直在其资本市场中起到了中流砥柱的作用。虽然中国宏观经济发展速度比美国快很多，但资本市场上由于没有大规模的养老金投资，2009—2014 年间股市表现逊色美国很多。

虽然中国股市前几年并未走牛，但投资股市的养老金却取得骄人成绩。根据人社部基金监督司公布的 2017 年三季度全国企业年金基金业务数据摘要，截至 2017 年第三季度末有 78943 家企业建立了企业年金，参加职工 2328.61 万人，积累基金 12393.02 亿元，实际运作资产金额 12106.51 亿元，当年投资收益 415.05 亿元，加权平均收益率达 3.79%，其中权益类资产收益率达 30.58%。2007—2014 的 8 年间的年均收益率达 3.90%。根据全国社保基金 2018 年 11 月公开的全国社会保障基金理事会基本养老保险基金受托运营年度报告，截至 2017 年年底，社保基金会管理的基金资产总额达到 3155.19 亿元，其中全国社会保障基金权益 2819.01 亿元，比 2013 年年末增加 2438.97 亿元；社保基金投资收益总额为 87.83 亿元，收益率达到 5.23%。基本养老保险基金自 2016 年 12 月受托运营以来，累计投资收益额 88.19 亿元（其中 2016 年投资收益额 0.36 亿元）。

可见，不管是企业年金还是全国社保基金，其年均投资收益率都远远跑赢了 CPI。不足十年的中期数据已经表明，中国的资本市场完全可以和养老金结合，过去那些认为中国资本市场不成熟、不能够保证养老金安全性的观点在投资实践面前未被证明。

资本市场是一个预期的市场。2014年5月《国务院关于进一步促进资本市场健康发展的若干意见》(以下简称"新国九条")之后,中国的资本市场开始启动,在近一年的时间里上证综合指数实现了翻番。目前,全面深化改革取得诸多重大进展。在宏观经济下行压力加大的"新常态"背景下,货币政策已经做出了适当调整。央行通过降准、降息保持流动性稳定,防止融资成本过快上升。2018年全年新增贷款高达15.7万亿元,贷款增速12.6%,甚至超过了2009年的"4万亿"时代创纪录的9.59万亿元。在投资领域通过加大基础设施建设和一系列促增长改革,保证新常态下经济平稳运行。以"沪港通""深港通"为代表的资本市场双向开放,不仅吸引了国外投资者,更助长了国内投资者对股市的价格预期,吸引增量资金入市,形成了一轮预期"自我实现"的循环,中国资本市场发展面临难得的机遇。

"新国九条"提出的大力发展包括企业年金、职业年金在内的机构投资者,是资本市场长期稳定发展的"定海神针"。美国资本市场长期发展有赖于其庞大的养老金长期资本,中国养老金入市也将为资本市场的发展奠定制度性基础,而资本市场的发展也为养老金保值增值提供了绝无仅有的投资工具,养老金与资本市场结合而形成的养老金融未来发展前途远大。养老金作为资本市场中流砥柱的价值将逐步凸显,类似2015年股市暴涨暴跌的现象将大大减少,股市长期慢牛的走势可期。

三、强制性职业年金制度促进养老金融发展

社会保障领域的一项重要改革就是2015年1月的《国务院关于机关事业单位工作人员养老保险制度改革的决定》(国发〔2015〕2号)。该决定实现了机关事业单位和企业的养老金"并轨",并强制性为机关事业单位职工建立职业年金。并轨之后,机关事业单位人员与企业职工的基本养老保险制度、缴费标准、计发方式保持一

致。由于企业职工基本养老保险只能提供30%~50%的养老替代率，而此前机关事业单位的替代率可达退休前工资的80%~90%。强制性建立职业年金的主要目的是保障在"增量改革"的原则下，"并轨"之后机关事业单位群体的养老待遇不会降低，这和企业年金的自愿建立机制不同。2015年3月27日，国务院通过了《机关事业单位职业年金办法》（以下简称《办法》），明确职业年金所需费用由单位和工作人员个人共同承担，费率分别为工资的8%、4%，缴费基数与机关事业单位工作人员基本养老保险缴费基数一致。对实账积累形成的职业年金基金，实行市场化投资运营，按实际收益计息。对于职业年金的管理方式，《办法》提出将采用个人账户方式管理，单位、个人缴费都计入职业年金个人账户。其中，个人缴费实行实账积累；而单位缴费方面，对财政全额供款的单位，单位缴费根据单位提供的信息采取记账方式，每年按照国家统一公布的记账利率计算利息；对非财政全额供款的单位，单位缴费实行实账积累。

《办法》的出台，标志着我国强制性的职业年金制度正式开始形成，职业年金的市场化运营将催生养老金融步伐加快。

首先，"实账积累"避免了第一支柱个人账户形成"空账"的窘境。《办法》规定机关事业单位职工个人的职业年金缴费部分的4%是真金白银的实账。按照机关事业单位3800万职工平均年缴费基数5万元这样的低标准计算，每年最少可以积累760亿元的职业年金；如果加上非财政全额供款单位缴费8%实行的实账积累，保守估计每年可以有1000亿元的积累。随着职业年金投资运营办法的出台，一定有相当大的一部分资金可以投资股市。

其次，强制性职业年金的发展速度和积累速度将远远高于企业年金。企业年金经过10多年的发展仅2388万职工参与，积累了14770亿元的资产，职业年金的强制性参与将追溯至2014年10月1日，相信很快就有3800万职工参与，积累资金数量也会很快追上甚至超过企业年金。

最后，职业年金的发展会带动企业年金的发展。目前企业年金的参与者大部分还是大型国企。职业年金的覆盖对象可以一直到县乡一级的公务员，这将对地方中小企业、民营企业起到示范作用，再加上已有的税收优惠政策、企业年金独有的员工激励机制，未来企业年金的发展将逐步扩展，不再为大型国企所独享，而成为更多普通中小企业职工的养老福利。

《办法》的出台还打通了第二支柱和第三支柱养老金之间的藩篱。该办法第九条规定：工作人员在达到国家规定的退休条件并依法办理退休手续后，由本人选择按月领取职业年金待遇的方式。可一次性用于购买商业养老保险产品，依据保险契约领取待遇并享受相应的继承权；可选择按照本人退休时对应的计发月数计发职业年金月待遇标准，发完为止。由于商业养老保险属于第三支柱，这里在领取阶段给予职工一次性领取并投入商业养老保险的选择权，打通了养老金的第二和第三支柱，对于寿险公司更是一个大大的利好，养老金和保险业的结合将更上一层楼。

可以看出，机关事业单位职工强制性的职业年金制度不仅仅造就了资本市场的长期机构投资者，也为保险市场增添了新的资金来源和业务拓展空间，成为养老金融发展中一个不可或缺的重要力量。

四、养老金与银行、证券、保险、信托全面融合

未来养老金和金融业发展相向而行，全面融合的养老金融化将成为越来越明显的趋势，促进各自自身发展的同时也加速形成新的养老金融形态。

养老金与银行业融合初露曙光。2015年，中国建设银行已获得养老金公司试点资格。目前，我国银行业面临的金融脱媒的严峻挑战，银行业亟待改变过于依靠利差收入的传统盈利模式，进一步改善业务结构，把握养老金融发展的历史机遇，根据金融市场未来的发展趋势，拓宽银行业对养老服务的领域，发展围绕各支柱养老保险缴费、养老金管理和投资运营、养老保险待遇发放的全过程业务，促进银行经营模式的转型升级。

养老金与证券业融合成效显著，养老金投资资本市场经验需要推广。2014年的"新国九条"明确鼓励企业年金、职业年金入市，2015年《管理办法》推动基本养老保险基金入市，将不仅仅是证券业的长期利好，更是国家的长期资本战略。据证监会新闻发言人介绍，截至2018年第三季度末，基金、券商受托管理的社保基金、企业年金规模合计达到1.66万亿元，占据了养老金受托管理市场的半壁江山。企业年金和全国社保基金投资资本市场已经有10多年的历史，成绩斐然，其经验值得即将入市的基本养老保险个人账户基金、职业年金学习借鉴。

养老金与保险业融合天衣无缝。《办法》已经打通了第二支柱和第三支柱养老金之间的藩篱，也将成为该《办法》未来修改的方向。第三支柱的自愿养老保险在我国多数选择了保险公司的寿险。寿险经营养老金业务已经有20多年的历史。同时，社会保险本身就有保险的属性，欧盟于2003年建立了"欧盟保险与职业年金监管局"，把职业年金与保险集中在同一机构中监管。根据中国银保监会的统计，截至2018年年底，太平、平安、国寿、长江、泰康五大养老保险公司受托管理的企业年金资产达7501亿元，占企业年金总规模的50.4%。养老金组织形式绝大部分是信托。由于养老金贯穿员工职业生涯的全部，全球绝大部分的养老基金均采用信托的模式就是明证。我国信托法的传统虽然很短，但养老基金的组织形式需要长期的委托和受托关系，受托人必须履行审慎义务、信义义务，方可确保在数十年的长期管理中真正受人之托、忠人之事。

由此可见，三支柱养老金与银行、证券、保险、信托融合的趋势越来越明显，养老金成为金融界"跨界"最多的"新金融"产品。当前中国的货币市场、多层次资本市场、保险市场都快速走到全球前列。面对如此快速成长的金融市场，所有三个支柱的养老金都应当参与其中。让各支柱养老金参与不同类别的金融市场，共成长、共进步，凝合成具有中国特色的养老金融体系。养老金融化将彻底改变传统社会保障制度的面貌，各类养老金在金融市场中可以实现保值增值，以保障13亿中国人的未来。

第四节　养老金入市贵在"拨云见日"

近两年，我国养老金入市传闻频繁出现，却始终缺乏实质性的举措，对市场产生的影响更多体现在心理层面。根据2016年5月1日起施行的《全国社会保障基金条例》，全国社会保障基金理事会新设养老金管理部和养老金会计部。2016年5月中旬，中国人民银行、民政部、银监会、证监会、保监会联合印发了《关于金融支持养老服务业加快发展的指导意见》，提出"养老领域金融服务"的概念。由此，有关业内人士分析，我国的养老金入市正在推进中。

从某种程度上来说，养老金入市与股市繁荣发展相得益彰，养老金入市之后，无疑将促使股市成熟起来；反过来，稳定和成熟的股市也将使养老金得到满意的回报，进而，养老金入市与股市繁荣便进入互为条件和共同发展的良性互动阶段。只要长期看好中国宏观经济发展的趋势，养老金作为机构投资者控制一定比例的长期股市投资是风险可控的，但是由于没有投资资本市场的法律规范，空账和法律缺失将严重制约个人账户养老金的发展。尽管如此，养老金入市是一个系统工程，最终要解决的是"老有所养"的问题。因此，养老金入市及其相关的运作还有一些亟待明确的问题，仍存在养老金入市比例高不高、哪部分资金入市、如何严密监管防范风险、养老金融产业法律规范四大问题需要厘清。

一、30%比例高不高

养老金改革一直以来因其牵涉面广、涉及利益复杂，受到的关注及争议较多，其中，最受关注的莫过于投资运营架构设计、投资的范围等，这些内容对于资本市场和投资机构都将产生巨大影响。目前，由于缺乏投资运营渠道，绝大多数养老金都按规定存银行或买少量国债，收益率因难抵通胀而遭遇"隐形缩水"之困。事实上，在过去的几年里，我国对基本养老基金的投资改革也有过两次尝试，第一次是在 2008 年左右，第二次改革始于 2011 年，但两次改革最终没有成行。

按照国务院 2015 年 8 月公布的《管理办法》，基本养老保险基金可以投资不高于基金资产净值 30% 的股票、基金等权益类资产。根据《管理办法》规定的比例，以 1990 年年底上海、深圳证券交易所成立为标志，按照 1990—2018 年的 28 年间中国金融市场中股票、国债、银行存款三大类金融工具的收益率，假设养老金投资组合中包含银行存款 5%，以上证指数为代表的权益类产品比例为 30%，其余 65% 投资于五年期国债（因缺乏历史数据暂未考虑重大项目和重点企业股权），则该投资组合的年均期望收益率约为 12%，标准差约 18%。由于养老金入市是循序渐进的，假设投资股市比例为 20%，则期望收益约为 10%，标准差为 12% 左右；如果投资股市比例仅为 10%，则期望年均收益约 8%，标准差不到 8%。按照计算，如果以美国 50 年间所罗门兄弟 AAA 级债券的收益率标准差 10% 作为风险度量标准，则养老金入市比例在 10% 时投资风险甚至低于所罗门兄弟 AAA 级债券，仅当入市比例超过 20% 的时候需要慎重，但 30% 以下的投资比例都应当是风险可控的。

不过，应当指出，上述模拟测算是基于过去 28 年中国金融市场的历史数据，而 1993—1995 年间一年期银行存款利率在 10% 以上，国债利率也很高。全国社保基金理事会的投资成果，自 2000 年成立以来的年均投资收益率 8.38%，投资股市的比例是逐步提高的，但上限是 40%，社会上关于养老金投资股市风险太高的担心主要是散户炒股的心态所致，只要长期看好中国宏观经济发展的趋势，养老金作为机构投资者控制一定比例的长期股市投资是风险可控的。

二、哪些资金能用

对于养老金入市，外界最为关注的是，究竟将有多大规模的基本养老金能入市，又有多少能进入股市。截至 2017 年年底，全国社保基金理事会管理的社保基金总额为 22231.42 亿元，按照社保基金投资股市上限 40% 计算，这部分能入市的额度为 9000 亿元左右。

基本养老金统筹和个人账户应该分开，并坚持统筹部分不应该投资。据了解，目前官方公布的养老保险结余是指整个企业职工基本养老保险基金，应当包括社会统筹和个人账户两部分。这两部分的性质是完全不同的。基本养老金统筹部分用于现收现付，我国的社会统筹部分养老保险制度就是现收现付制度，缴费率是 20%。和现收现付相对应的就是个人账户积累制，养老保险基金投资运营问题的核心在于个人账户养老金部分的运营。这部分资金是劳动者的个人私有财产，将伴随劳动者一生。从信托理论上，劳动者是委托人，社保经办机构是受托人，受托人责任重大，需要明确养老金投资的原则，主持养老金投资管理人的选拔。

基于我国的社会统筹养老金公共资金，借鉴其他国家的经验，其投资运营的对象和主体只能是国债，鉴于目前全国已有积累结余养老保险的庞大数量，进入公开债券市场购买肯定是不现实的，最好的方法就是由财政部发行社会保险特种国债。为保值增值，可以锚定发行票面利率为 CPI+0.5%。

事实上，2002 年 12 月财政部在发行第十六期记账式 2 年期固定利率附息国债时，在总额 368 亿元中就已面向全国社会保障基金理事会定向募集 103 亿元，向辽宁省社会保险基金定向募集 10 亿元。今后要形成发行社会保险特种国债的制度性安排，所有社会统筹养老保险基金的结余部分都直接购买社保国债。而对于养老金投入股市后的方向始终是大家最关心的，也是最众说纷纭的。最佳的投资方式就是长期投资指数基金——第一任何人操控不了，第二可以将管理费用降到最低，就是要将人为因素降到最低。

三、何种监管算严密

养老金入市的根本目的在于保值增值，缓解收支缺口造成的资金压力，而非为入市"操盘者"制造"生财有道"的机会。如果投资决策有重大失误，或暗箱操作、蚕食投资回报，决策主体及"操盘者"都应承担决策失误的法律责任。但如果问责机制虚设，养老金入市的回报，恐会成为新的"唐僧肉"。

应该制定相应的法律法规进行全过程监管。首先，应当加强"入口监管"，从征缴过程就应当开始监管。目前，征缴过程中暴露出的问题很多，主要是隐瞒基数、停缴等，造成上缴数量不足。其次，要加强经营过程中的监管，防止养老金的基金管理人出现证券投资基金管理人"老鼠仓"现象，防止出现养老金买入卖出股票之前基金管理人包括机构负责人、操盘手及其亲属、关系户提前买卖股票的现象。这中间的非法获利空间非常大，应当予以严格监管。最后，发放阶段的监管。一些老人去世后亲属继续冒领养老金的现象比较多，要防范养老金领取阶段的欺诈行为。作为养老金监督管理的最高位阶法律，社会保险法在正式实施过程中需要大量配套法规、规章、规范性文件。因此，需要由国务院制定配套的社会保险基金监督管理条例、社会保险基金反欺诈管理办法等法规、规章。

养老金的投资管理不应当交由地方分散投资，因为这里存在很大的寻租空间和腐败风险；容易出现地方管理者倾向于投资当地企业的"地方保护"现象。基金投资应当本着受益人利益最大化的原则，但是这个目标很容易被"振兴地方经济"的目标误导。

最好的办法是将地方社保基金委托全国社保基金理事会进行统一投资。全国社保基金理事会有一套完整的防范风险、加强内部控制的方法。在这一点上，实务界已经做出了一致的选择。

2016年3月，国务院批复《全国社会保障基金条例》，规定全国社会保障基金理事会可以接受省级人民政府的委托管理运营社会保险基金，条例于5月1日起实施。就目前看来，受托机构角色一生效，全国社会保障基金理事会便开始积极着手推进养老金入市筹备工作。但更核心的问题是，全国社保基金理事会选择投资管理机构的标准是什么？具体委托给哪些机构？全国社保基金理事会本身拥有多家投资管理人，此后还会增加多少外部投资机构？作为受托机构，全国社保基金理事会的投资管理能力是最值得关注的问题之一。没有任何机构能保证永远盈利，但对于养老金这一居民"保命钱"，受托机构的谨慎性和投资能力无疑应受到更严密的关注和监管。

四、法律缺失怎么补

随着养老金入市脚步的逼近，中国的养老金融改革也逐步推进。2016年5月中旬，中国人民银行、民政部、银监会、证监会、保监会联合印发了《关于金融支持养老服务业加快发展的指导意见》（以下简称《指导意见》）。《指导意见》首次提出养老领域金融服务的概念，指出养老服务业需要创新金融服务，养老领域金融服务也是金融业自身转型升级的内在要求，并提出要推进金融机构探索适合我国国情的养老金融服务，鼓励包括银行、保险、基金等相关机构加大对养老产业的支持力度。

不难看出，对于本次养老金融改革，可以说中央是下了极大决心的。究其原因，可在2016年度的中央财政预算中找到一些端倪。这次财政预算显示，中央对地方的养老金转移支付大幅增加。根据《2018年中央对地方税收返还和转移支付预算表》，基本养老金转移支付预算数为6696.56亿元，比2017年执行数增长14.3%。另据资料显示，随着我国人口老龄化加速，老年人口迅猛增加，预计到2020年，我国60岁以上人口比重将超过17%，将进入重度老龄化社会。

有专家认为，在此背景下，加快发展养老金融意义重大，势在必行，责无旁贷。基于此，政府部门应尽快制定养老金和资本市场结合的相关政策、法律，建立从养老金筹集时的税收优惠到投资运营贯彻市场化原则的养老金融法律体系。

然而，目前我国的基本养老金、企业年金均由人力资源和社会保障部主管，更着重于养老金的筹集和发放，忽视了运营过程中极其重要的金融产品属性；其余性质的养老金及其运营分别由财政部、证监会、银保监会等机构进行监管，监管体制的不统一造成各自为政，使得我国的养老金融事业发展远远落后于实体经济的发展，更落后于老龄化的迫切要求。养老金融监管体制问题因此成为下一步养老金融发展的重点和难点，需要国家层面的战略规划，目前全国社保基金、商业寿险、企业年金可以部分进入资本市场，但全国社保基金只是战略储备，主要用于弥补今后人口老龄化高峰时期的社会保障需要，商业寿险的保险密度和保险深度都远远低于发达国家，企业年金覆盖面极其有限。养老金的核心主力——个人账户养老金的空账问题一直没有明确的制度性解决方案，上万亿元的庞大资金只是基于风险防范的要求存在财政专户，仍有风险。由于没有投资资本市场的法律规范，空账和法律缺失将严重制约个人账户养老金的发展，更是养老金融发展必须克服的巨大障碍。

第五节　商业养老保险打破"无人问津"

经过多年的不懈努力，商业养老保险税收优惠政策落地，这意味着1991年中央首次提出的三层次养老保险架构，经过20多年的努力，终于梦想成真。在绝大多数国家，养老保障制度由三个支柱构成：第一支柱为国家举办的基本养老保险制度；第二支柱为企业举办的企业补充养老保险，在中国包括企业年金和职业年金；第三支柱为个人购买的商业养老保险。在过去的几十年里，第一支柱在我国得到了长足发展，成为退休人口的主要收入。党的十八届三中全会以来，养老保险全面深化改革的步伐加快，2013年12月第二支柱企业年金的税优政策出台；

2016年，商业养老保险税收优惠政策公布，标志着三支柱养老保障体系雏形在中国正式形成。

一、商业养老保险严重缺位

截至2018年，我国养老保险第一支柱的城镇职工参保人数为4.19亿人，而2014年第二支柱养老保险的待遇领取还不到50万人，支出总计不到200亿元；基本养老保险基金历年累计余额高达5.82万亿元（含城乡居保基金），而第二和第三支柱养老保险合计约2万亿元。这些数据表明，基本养老保险"一柱独大"，是我国养老保险制度的骨干制度。目前，第二支柱税优政策日趋完善，实行市场化运行10年来，其DC型信托制的运行机制逐步走向正轨；而第三支柱，由于税收优惠政策始终没有落地，所以，个人参与商业养老保险的积极性不高，在三支柱框架中显得很不协调，与美国等发达国家比较，更是相差悬殊。

首先，第三支柱商业养老保险密度非常小，仅为185.56元/人。保险密度是指一国以总人口计算的当年人均保费收入。2017年我国保费收入为36581.01亿元，保险密度是2638.51元/人。其中，寿险公司保险保费收入为17266.24亿元，即人寿保险密度是1245.38元/人。如果按养老保险占寿险20%的比例来推算，那么，2017年养老保险收入应为3453.25亿元，商业养老保险密度应为249.08元/人。相比之下，美国第三支柱IRA的养老保险密度高达1258.7美元/人。

其次，第三支柱商业养老保险深度非常低，仅为0.4%。保险深度是指当年保费收入占GDP的比重，依此可算出2017年的保险深度为4.42%；人寿保险深度为2.09%。如果剔除80%的理财产品，按20%的收入结构来推算养老保险的收入，那么，2014年养老保险深度仅为0.42%。相比之下，美国第三支柱个人退休账户的保险深度为2.3%。

最后，第三支柱商业养老保险资产占GDP的比重非常小，仅为1.96%。近年来，人寿保险增长速度惊人。根据保监会发布的《2017年保险统计数据报告》，2017年全国保险业总资产为167489.37亿元，其中，寿险公司132143.53亿元，占总资产的81.2%。但根据多年来的比例规律，在寿险资产中有80%属于理财产品，大多为分红型养老保险，只有20%为年金保险和生存保险等产品，这些产品是传统的养老保险资产。按照这个比例推算，2017年我国真正的养老保险资产仅为1.67万亿元，占当年GDP的1.96%。相比之下，2017年美国第三支柱个人退休账户资产为9.3万亿美元，占当年GDP的比重高达47.96%。

图6-1上的数据显示，中国第三支柱商业养老保险规模太小，可以忽略不计，这与我国经济总量世界排名第二的地位很不相称。在三支柱养老保险架构严重失衡的情况下，退休人员的收入结构单一，收入水平难有根本改善，国家负担较为沉重，这既不利于拉动内需，也不利于提高人民的生活水平。延税型商业养老保险政策的出台，意味着中国三支柱养老保障体系将走向快车道，在新常态下，为降费减税和提高企业竞争力创造了条件，为提高百姓福祉打下了基础。由此，养老保障制度作为一个重要的软实力，将成为大国之道与大国崛起的重要体制性保障。

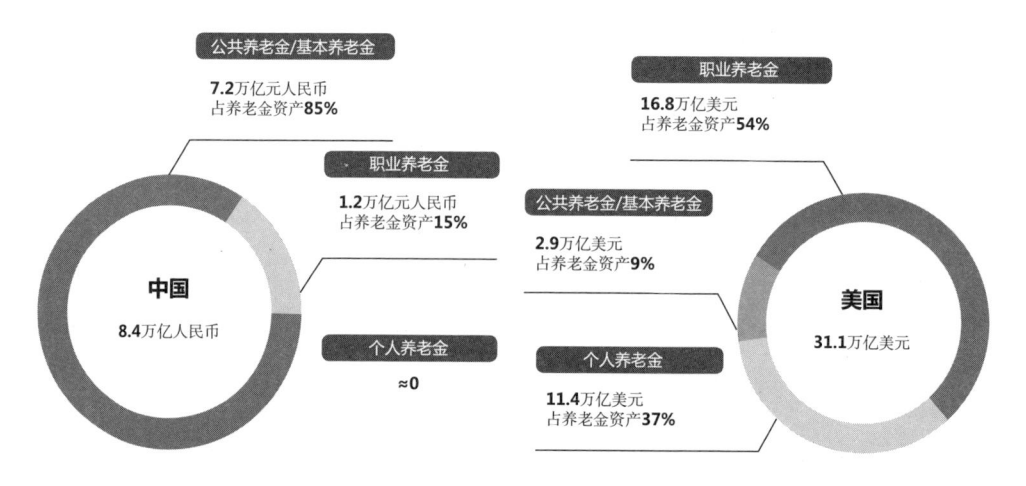

中国 8.4万亿人民币
- 公共养老金/基本养老金：7.2万亿元人民币 占养老金资产85%
- 职业养老金：1.2万亿元人民币 占养老金资产15%
- 个人养老金：≈0

美国 31.1万亿美元
- 职业养老金：16.8万亿美元 占养老金资产54%
- 公共养老金/基本养老金：2.9万亿美元 占养老金资产9%
- 个人养老金：11.4万亿美元 占养老金资产37%

图6-1　2017年中国和美国的养老保险体系

二、商业养老保险制度设计与实施的关键

除新加坡等少数几个国家以外,大多数国家建立的均为多支柱养老保障体系,其中第三支柱(常常也包括第二支柱)个人养老保险体系可大致分为两种模式:一是以欧洲大陆国家为代表的"保险型"体系,即无须建立个人账户,只需在银行或保险公司开设一个户头,购买的产品主要是保险公司的各种寿险产品或年金保险,税收优惠政策以个税递延为主。在这些国家,第一支柱的替代率很高,国家负担较大,第二和第三支柱个人养老金发挥的作用很小,尤其是第三支柱,参与率很低,在退休收入中所占比重很低。二是以美国和英国为代表的"投资型"体系,个人账户较为普及,参与率较高,既可购买年金保险产品,也可对个股、债券和养老金产品以及共同基金产品进行投资。这种模式的税收优惠政策既有 EET 型,也有 TEE 型。由于个人养老金十分发达,再加上第二支柱参与率较高,所以,第一支柱的替代率不高,国家和企业的负担较轻。

20 世纪 90 年代以来,欧盟官方连续发布指导性文件,鼓励各成员国将历史悠久的第二支柱企业年金由 DB 型计划逐渐转向 DC 型;对第三支柱养老金,很多欧洲大陆国家开始效法美英模式,试图建立个人账户,推动原本很不发达的保险型制度改革为投资型制度,但总体看效果欠佳,与美英模式相比差距很大。

国际经验教训表明,税收优惠政策的出台可以一挥而就,但制度模式的选择与设计却很费思量。在税收优惠政策公布的关键时刻,我国应对第三支柱商业养老保险制度进行顶层设计与可行性研究,要结合国情,取长补短,尽量防止使其成为"富人俱乐部第二",建立一个具有中国特色的个人养老账户。具体来讲,在设计商业养老保险制度时须注意以下几点。

第一,实施产品和账户的双重管理。自 2007 年提出"延税型养老保险产品"这个概念以来,"产品延税"的观念根深蒂固,约定俗成。其实,养老金的受益主体和纳税主体应是人,不是产品。因此,在分类所得税制下,IPA 既是个人连续几十年投

资的工具，也是终生纳税的依据；既是享有税优政策的载体，也是国民基本权利的象征。因此，"账户管理"的含义是：个人养老账户系统是第三支柱养老保险的操作平台，个人账户系统的后台与税务部门实行对接，是第三支柱实现终生跟踪和防止税源流失的重要基础设施；所有养老基金的交割与交易均通过个人账户进行，在达到法定退休年龄之前，账户资产不得变现领取；"个人养老账户"的编码和使用具有唯一性，通过密码进入个人账户，在全国建立统一的账户系统。"产品管理"的含义是：建立"合格默认投资产品"（QDIA）制度，以最大限度地规避市场风险、投资风险和道德风险，账户内进行交易和投资的只能是"产品"，二级市场的个股和债券不得在个人账户内进行交易；所有可交易的产品需在有关部门进行备案，即实行严格的产品备案制；通过备案的产品将列入"产品目录清单"予以公布，列入"清单"的产品为"合格默认投资产品"。

第二，实现保险与投资的双重功能。个人养老账户兼有保险和投资两种功能。个人养老账户的投资决策人是账户持有人本人，而不是任何机构或第三方。因此，保险和投资的双重功能设计既要考虑根深蒂固的中国传统文化中的稳健性，还要兼顾到中华民族历史中的进取性，以满足不同群体的不同需求，满足账户资产的配置个性需求。保险功能主要体现为可以购买保险产品，其特点是收益低但稳定，不能一次性领取，但年金产品可终生支付，如此兜底的保险特征符合年龄偏大、收入水平有限和思想偏保守的群体。投资功能主要体现在基金产品上，其产品特征是收益率透明、高风险高收益，带有明显的市场进取性，适合年纪轻、受教育程度高的群体和白领阶层。账户持有人既可以只购买保险产品或共同基金，也可以二者同时购买并持有，资产配置比例完全由个人根据自己的风险偏好和经济条件自主决定。保险产品既包括保守的传统险和分红险，也包括激进的万能险和投连险及其各种衍生保险产品；基金产品包括各种指数基金，其中，生命周期基金即目标日期基金将成为个人账户投资的主要默认产品；即将退休的个人（如55岁）应规定只能购买传统险和分红险等保障型产品，而不能购买其他风险型与投资型产品。

第三，制定 EET（税前缴费）与 TEE（税后缴费）的双向政策。EET 型"个人养老账户"是指税收递延政策，即达到退休年龄领取养老金时再缴纳个税。因此，EET 型个人账户非常适合正规部门就业群体，因为他们作为纳税人，其单位"代扣代缴"成为这个群体建立账户和享有税收优惠的方便条件和"福利特权"。但是在中国，纳税人规模太小，绝大多数劳动者是非纳税人，EET 型个人账户与他们无缘。这个数以亿计的庞大群体主要是指非正规部门的灵活就业人员（如保姆和小个体工商户）、服务型行业雇员（如餐馆和理发馆等的员工）、流动性较大的季节工人（农民工）3 个群体。因此，在非正规就业群体庞大和实行分类所得税制的条件下，建立 TEE 型个人账户将具有巨大的需求，每月由个人独立缴纳"本金"，几十年后，在达到退休年龄领取养老金时，账户内所有资产均免税，正是因为有这个特点，在有些国家，人们干脆将 TEE 账户直接称之为"免税"账户。此外，TEE 账户对农民群体也是适合的，因为这个群体没有雇主，EET 账户将他们完全排除在外，而他们是最应该享受国家税优政策的群体。TEE 账户灵活方便，上述 4 个群体可以离开雇主而独立建账并实施缴费，甚至失业人员都可正常缴费，所以，第三支柱的"福利特权"将不仅仅属于正规就业人口，通过 TEE 型账户还有可能延伸到劳动力市场非正规就业人口，使之成为名副其实的大众福祉。综上所述，开放 TEE 账户是扩大个人养老保险参与率的重要举措。根据国外的经验，每个公民可同时持有 EET 和 TEE 两个账户，两个账户之间的资产可以转换。

第四，实行试点与全面铺开的"两阶段推进"战略。鉴于第三支柱"个人养老账户"是一个新生事物，人们对个人养老账户的作用有一个认识的过程，金融市场和金融机构应对个人账户的产品需求进行研发，个人账户制度建设应从易到难，由简渐繁，循序渐进，分两阶段推进：第一阶段为保险业试点阶段，为时 3 年，这期间仅开启"保险功能"，重心放在个人养老账户系统的制度构建上，账户系统只对保险产品开放，因为保险产品风险小，有兜底的功能，属于保障型的试点阶段；第二阶段为全面铺开阶段，在试点结束之后，个人账户向投资型和信托型产品放开，个人账户可以购买基金产品。至此，个人养老账户的"双重功能"才算完全到位。

三、税收政策调整与商业养老保险发展

建立和推广第三支柱"个人养老账户"成败与否的关键是覆盖人数能否达到最大化。众所周知，第二支柱企业年金制度建立于2004年，前11年，其覆盖人数为2310万人，被视为大型垄断型国有企业的"富人俱乐部"。如果第三支柱的覆盖面及发展速度与企业年金相差无几，其覆盖的目标群体没有超出第二支柱的人员范围，两个福利制度重复地发生在同一个群体身上，他们第二次享受养老金税收优惠的好处，而数以亿计的其他社会群体与之无缘，这样的第三支柱必将被诟病为"富人俱乐部第二"，必定被认为是不成功的，必然被视为加剧了社会不平等，受到社会的质疑和谴责。七八年来，商业养老保险税收优惠政策之所以迟迟不能落地，除其他因素外，对加剧不平等的担心也是重要原因之一。

与企业年金比较起来，就吸引力而言，第三支柱具有一定的劣势，它不像第二支柱那样享有雇主的配比缴费，这就丧失了一定的激励性。但是，第三支柱也有一定的优势，任何居民都可随意单独建立，可以离开雇主而独立存在，不受雇主的制约。在制度设计中，应充分发挥这个制度优势，最大限度地避免第三支柱"个人养老账户"成为"企业年金第二"，更要防止其成为正规部门变相的"团险第二"。为此，在制度设计中要强调其具有便携性（可全国漫游自由携带）、透明性（可利用任何媒介查询账户资产变动情况）、可及性（可向股票交易那样利用网络建立账户并进行交易）、独立性（可离开单位和离开雇主而单独操作，个体工商户和任何个体均可平等地独立享受税收政策）、激励性（税收优惠比例要大，要看到实惠）的特点。这五个制度特征的塑造均有赖于个税改革的力度和税收政策大环境的改革予以配套。

可以说，税收政策是撬动个人养老金制度的"杠杆"，是决定第三支柱命运的关键，甚至有些著名的养老金计划就直接源自税法条款（如401k计划就直接来自美国《国内税收法》的第401条第k款）。

运用税收杠杆撬动和强力推动个人养老账户制度前行，应设立近期、中期和远期三个目标。

第一，"近期目标"是指在3年试点阶段，在推进普及EET型个人账户的同时，着手设计实施TEE型制度。如前所述，在当前的分类所得税制下，EET账户对上述4个非正规就业群体来说是失效的。从国际经验来看，德国建立的李斯特养老金采取的是"负所得税"制，即以提供财政补贴的办法鼓励建立个人账户，这在一定程度上可以覆盖分类所得税制下实行EET政策的上述4个群体盲区。但实践证明，李斯特养老金的参与率很不理想，重要的是，中国采取"负所得税"的可行性很小，因此，开设TEE型账户制度应是最优选择。前面提到的TEE账户对其很有优势的4个群体均为非正规就业的低收入阶层，其实，开设TEE账户对中产阶层也很有吸引力，因为中产阶层有一定的经济实力，持有一定的金融资产，TEE账户无疑是一个合法避税的场所，他们或将成为TEE账户的主要持有者，尤其是在EET和TEE双向税优政策可以同时享受的政策下，中产阶层大部分人将会同时持有这两个账户。实行TEE的"免税"账户制度，需要制定一个统筹安排的"个税一揽子安排"。在目前的个税政策下，投资股票和购买基金既不用缴纳资本利得税，又可随时变现和赎回，这就形成巨大反差，TEE型个人养老账户显得没有任何优势。因此，引入TEE型个人账户的前提是在顶层设计上进行两项重大税收制度改革，一是对买卖股票和基金等投资理财所得征收资本利得税。既然开征资本利得税是大势所趋，就应该将其利用起来，在"十三五"期间把开设TEE型个人账户与开征资本利得税"绑定"，一揽子公布。二是在开征遗产税的预期下，TEE型个人养老账户应免征遗产税，这两个政策预期也应予以绑定。这两项税收配套改革作为杠杆，可以撬动资金从股票与公募基金市场"挤向"个人养老账户，TEE型个人养老账户的避税优势和吸引力得以显现。此时，股票和基金的市场规模与资金流并没有很大变化，只是它们的身份变了，以前是散户手里具有追涨杀跌特点的短期资金，而现在则通过个人账户变成了资本市场上机构投资者的长期资金（不到60岁法定退休年龄不能提取）。因此，建立TEE型政策是一个较为复杂和"牵一发，动全身"的税收政策调整，3年试点阶段作为过渡期是完全必要的，以便使人们对税收政策调整做好心理和制度上的准备。

第二，"中期目标"是指在"十三五"期间适时调整个税起征点，提高涉税福利项目覆盖面，利用个税杠杆推动个人养老账户参与率的提高。在过去的30多年里，个税法修订过6次，随着民众收入水平的不断提高，每次修订起征点都得以明显提高。2011年个税起征点提高到3500元，纳税人的数量由8400万人骤减到2400万人，工薪收入者的纳税面由28%下降到7.7%，当年国家减少所得税收入1600亿元。最后一次个税调整为2018年，个税起征点提高到5000元，个税改革前，个人所得税纳税人数约为1.87亿人，10月个税改革后，纳税人数如果按照减少6000万人计算，那么目前缴纳个税的人数约为1.27亿人，税减3200亿元。上调个税起征点的初衷是为了让广大工薪阶层在国民经济高速发展中得到实惠，减轻他们的经济负担，实现社会公平。但是，上调起征点是一把双刃剑，随着工薪收入者纳税面缩小和纳税人数量减小，问题也随之暴露出来，越来越多的地区将购房、购车、落户、入学等消费权和福利权与个税记录绑定起来，没有纳税的低收入群体本应获得的福利权受到限制，而纳税群体则独享这些涉税福利权，反而降低了低收入群体的福利水平。例如，在日前公布的《北京市积分落户管理办法》（征求意见稿）里就将纳税指标作为落户加分的一个重要项目。发达国家的发展历程表明，经济社会发展水平越高，涉税福利项目就越多，这是一个发展趋势。EET型个人账户是一个十分重要的涉税福利项目，起征点越低，覆盖范围就越广，受益群体就越大，第三支柱养老保险就显得越重要。涉税福利项目增加是加强社会基础设施的需要，是资本市场建设的需要，也是增强纳税意识的需要，从长远看，降低个税起征点是大势所趋。但是，降低起征点并不意味着会加大工薪阶层的税赋负担。目前个税改革的思路应是"低起点、广覆盖、低税率、多阶梯",其政策含义是,在降低起征点的同时,要大幅降低税率,在超额累进税率中增加税率的阶梯。"双降"之后,对纳税人来说,虽然起征点降低了,纳税人数量增加了,但税率刚好可以抵扣掉建立个人账户的税优比例,个人的经济负担并没有增加;对国家来说,要掌握好一个度,那就是与下降之前相比,总体税收水平既没有下降,也没有提高,因为虽然税基扩大了,但涉税福利项目具有抵消效应;对公民意识来说,纳税人数量增加后,纳税意识得以增强,对国家财政的关注度得以提高;就公平性来说,与纳税权相对应的福利权得到扩展之后,涉税福利的社会不公得以避免;对 EET 型个人账户来说,降低起征点和降低税率之后,虽然纳税额度很小,每个阶梯之间级差也很小,但其敏感度却很高,对建立 EET 型个人账户具有较好的激励性,这是因为,对收入偏低的群体来说,"双降"的边际效用要高于高收入群体。

第三,"远期目标"是指在"十四五"期间对养老保险三个支柱的缴费率统一进行调整,适当降低第一支柱缴费率,提高第二和第三支柱缴费率。2015 年国务院召开常务会议,降低了失业、工伤和生育三项保险的费率;党的十八届五中全会通过的"十三五"规划指出,要适当降低社会保险费率,这意味着降低养老和医疗缴费率的工作已经列入"十三五"规划的日程。目前,我国养老保险第一支柱的缴费率是 28%(个人 8%+ 单位 20%),实行的是 EEE 全程免税政策;第二支柱是 9%(个人 4%+ 单位 5%),实行的是 EET(税前缴费);第三支柱的缴费率也很低。我国第一支柱缴费率水平在世界名列前茅,在新常态下,多年来下调缴费率的呼吁终于成为现实,这是减轻企业负担、提高企业竞争力、促进经济增长的重要举措。同时,通过调整三个支柱的缴费率来调整三个支柱的替代率,这不仅有助于理顺养老保险制度中国家与市场之间的关系,还意味着对三支柱养老保障制度进行顶层设计势在必行。养老保障三个支柱分别由不同的部门负责运转,而个税优惠是决定养老金缴费比例的源头,所以,由税务主管部门对三支柱缴费率和相对应的替代率进行通盘考虑，将有利于个税优惠资源的统一调配。根据十八届三中和五中全会的精神，基础养老金应在"十三五"期间实现全国统筹，这就为在"十四五"期间下调第一支柱缴费率创造了条件，继而为适当上调第三支柱（包括第二支柱）缴费率带来了可能。

四、商业养老保险是保障国民福祉的社会基础设施

在发达国家，多层次养老金制度早已被视为社会基础设施的组成部分，与市政基础设施具有同等重要的地位，尤其是第二和第三支柱养老金制度，明晰的个人产权和量化的账户资产等特征使之在家庭财富中独立出来，成为一个重要成分。这里以英国和美国为例来分析家庭财富中个人养老金的地位。

在英国，家庭财富包括房产（去掉未偿还的房屋贷款后的净值）和家具、存款、投资、债务和养老金。家庭财富由不动产、实物财产、金融资产、个人养老金（不包括公共养老金，即现收现付的基本养老保险）四部分构成。截至2017年年底，英国家庭财富净值（财富总资产减去家庭债务，如购房按揭和教育贷款等，下同）是25.9万亿英镑，其中，个人养老金5.3万亿英镑。英国家庭财富净值构成说明，养老金地位十分重要，其规模几乎是金融资产的3倍，比金融资产和实物财产的合计还要多。英国家庭大部分财富都集中在私人养老金储蓄中，总额达到5.3万亿英镑。从养老金分布来看，76%的家庭拥有个人养老金，其中，私人部门40%的雇员拥有个人养老金，平均养老金数为3.3万英镑；公共部门雇员拥有养老金的比例高达85%，平均养老金数高达2.1万英镑。

美国联邦储备银行发布的最新数据（截至2018年6月底）显示，美国家庭财富毛值为116.4万亿美元，减去家庭负债15.6万亿美元，其家庭财富净值（含非营利组织的财富）为100.8万亿美元；在100.8万亿美元净值里，包括不动产、物质财富（主要是耐用消费品和设备等）、金融资产（主要是存款、股票、共同基金和寿

险等)、养老金资产。其中,第三支柱 IRA 资产总额 9.3 万亿美元在养老金资产里,34% 的家庭建立了个人退休账户,每户平均 18 万美元;第二支柱企业年金(例如典型的 401k)资产是 7.8 万亿美元,55% 的家庭拥有企业年金,每个家庭平均 22 万美元。

英美两国的案例显示,美国家庭财富的成分构成中,金融资产比重大大高于英国,是英国的 3 倍多,而养老金、不动产和实物财产等都比英国略低一些。换句话说,美国的养老金财富大致占其家庭财富净值的 1/4 左右,而英国则占 1/3 多。

瑞士信贷《全球财富报告 2018》中的相关数据显示:截至 2018 年年中,中国家庭财富总值达到 51.9 万亿美元,位居全球第二,增幅为 4.6%;自 2008 年金融危机以来,美国财富持续增长,美国财富总值达到 98.2 万亿美元,继续稳坐全球第一的宝座;日本排名第三,财富总值为 23.9 万亿美元;英国第四,为 21.9 万亿美元;德国和法国分列第五和第六位,家庭财富总值分别为 14.5 万亿美元和 13.9 万亿美元。在中国家庭财富总值中,剔除债务 8.9%,家庭财富净值为 51.9 万亿美元,其中金融资产占 37.8%,非金融财富占 62.2%。"金融资产"是减去个人养老金之后得出的;"不动产"是从"非金融财富"中占 62.2% 的比例推算出来的。

与英美两国相比,中国家庭财富净值具有如下特征:一是存款占比太高,定期和活期存款合计占"金融资产"的 70.7%;二是不动产占比太高,财富流动性不好;三是个人养老金规模在家庭财富净值中占比偏小,几乎可以忽略不计。这三个特征说明,中国家庭财富构成严重失衡,因此,应有针对性地通过调整税收政策,达到调整家庭财富结构的目的。一是个人养老金比例太小,应大力发展个人养老金,这是一国之重要的社会基础设施。个人养老金在家庭财富中属于长期财富,回报率稳定,有利于家庭和社会的稳定,有利于国家长治久安。二是作为家庭财富的重要构成,扩大养老金比重意味着相对缩小不动产占比份额,这是调整家庭财富结构的主要手段,其目的在于降低由于老龄化而导致的不动产的贬值风险预期,使个人养老金能够成为其重要的替代性财富,真正发挥社会基础设施的作用。三是应利用税收手段，诱导居民银行存款"搬家"到个人养老账户，这样财富形式"转换"的结果，既可通过提高回报率增加居民财富总值，同时又等于将存款"转换"为资本市场的长期投资基金，有利于股市的社会基础设施建设。

五、商业养老保险是资本市场的"压舱石"

多层次养老保险体系和第二、第三支柱养老金的建立与完善，不仅是国民福祉的社会基础设施，也是资本市场的"压舱石"。中国股市25年的发展历程，同时也是中国经济保持两位数高速增长、创造世界经济奇迹的过程，但是，中国股市却处于与经济高速增长完全脱节的"两张皮"状态：长期低迷、熊多牛少、十分不稳定。尤其是2015年6月发生的股灾发人深省，引起人们对股市如何全面深化改革的深入思考。在强力救市之后，学术界和政策面开始反思中国股市存在问题的深层原因，这些分析非常深入，见仁见智，应予高度重视。

毫无疑问，中国股市最主要的缺陷之一是投资者结构失衡，即长期资金的机构投资者太少，90%为"大妈"——散户投资者，具有鲜明的投机性。例如，在2015年4月和5月的大牛市期间，居民存款分别流走1.05万亿元及0.44万亿元，估计肯定流向股市，热钱的投资性对追涨杀跌起到了推波助澜的作用：在牛市时，散户投资者不惜代价，蜂拥而至，形成泡沫，股市很快就处于危卵之势，稍有动静，便竞相抛售，相互踩踏，一泻千里，股市随即就进入长熊状态。这充分说明，不成熟的股市缺少"压舱石"，这个"压舱石"就是长期基金及其机构投资者。因此，从这个角度看，个人养老金系统是资本市场的社会基础设施。一个股市如果严重缺乏养老基金的机构投资者，等于一个城市严重缺乏市政基础建设。

美国股市市值24万亿美元，而第二支柱与第三支柱养老基金合计为24.6万亿美元，与股市市值几乎相等。推算起来，美国股市里有一半以上为养老基金，且主要由机构投资者持有，它们占股市投资额的90%；作为股市的"压舱石"，机构投资者追求的是长期持有和价值投资，对"刚性兑付"具有相当的抑制缓解作用，短期的异常波动难以导致投资者"集体跳水"，这就是"成熟股市"与"大妈股市"的本质区别。

由此看来，在成熟的股市里，养老基金既是股市的主要投资者，也是股市的受益者，还是股市的支撑者，几十年无须兑付的养老金离不开高风险高收益的股市，股市也离不开养老基金为其坐镇压仓，养老基金与股市互为所需，相得益彰。

发达国家股市较为成熟，除其他因素以外，机构投资者发展迅速是重要原因之一。例如，1981年OECD的机构投资者规模仅为3.2万亿美元，占当年GDP的38%；到1995年就达到24.3万亿美元，首次超出GDP的规模，是当年GDP的106%，大大超过当年OECD的全部股票市值（14万亿美元）。2012年骤升至83.2万亿美元，是GDP的180%，其中，共同基金30万亿美元，保险公司24.5万亿美元，养老基金21.8万亿美元，社会保险基金和主权养老金等合计6.9万亿美元。

机构投资者由共同基金、保险公司和养老基金组成。在中国，共同基金和保险虽然分别只有9万亿元和16万亿元，但毕竟初具规模，相比之下，只有养老基金"严重瘸腿"。重要的是，"机构投资者"与"长期投资"往往不是一回事，例如，中国的基金管理公司已经超过百家，但基金公司受托管理的基金主要是短期的，散户投资者可以随时赎回。而从国际范围来看，机构投资者和长期投资的重要性近年来愈发显现。2012年2月，OECD专门设立了"机构投资者与长期投资"工作小组，定期出版研究报告，并联合APEC和G20共同采取行动，以期协调对基础设施的绿色投资，实现"绿色增长"，促进发展"大型机构投资者"。OECD认为，大型机构投资者可以提供稳定的长期投资资本。目前，OECD已有86个大型机构投资者，管理资产超过10万亿美元。

运用税收杠杆建立和推动第三支柱养老保险的发展还可调整金融结构。改革开放以来，中国居民储蓄率始终处于不断提高的过程当中，目前是全球储蓄率最高的国家：在改革开放之初的1982年仅为36.3%，到1993年达到41.8%，2006年达到

52.3%，到 2010 年，中国的国民储蓄率达到 51.2%，随后逐渐回落。2017 年，中国国民储蓄率为 45.84%，近几年虽略有回落，但仍超过 45%。建立完善的 EET 和 TEE 型个人养老账户，可以引导居民将银行存款"搬"至资本市场，这既能降低居民储蓄率，又可以将银行存款"置换"为资本市场的长期投资资金，对金融结构的调整具有重要的意义，在新常态下，还有利于改革中小企业直接融资方式和降低融资成本，有利于基础设施的长期融资渠道建设，有利于促进经济增长。

六、商业养老保险发展之路

从养老金制度的布局来看，建立第三支柱是较长时期内中国最后一个"缴费型"养老金制度，决策层对其制度设计应高度重视，在第一支柱基本养老保险替代率不断走低的背景下，应高度重视第三支柱，将其作为大部分国民退休收入结构的一个重要组成部分。

从养老金制度模式的划分来看，作为唯一的市场化养老金机制，第三支柱在养老金多层次架构中具有标志性意义，意味着选择什么模式、走什么道路的大问题，关系到企业竞争力和国家竞争力的长期发展模式，关乎未来经济发展的后劲。

从养老金制度的发展源头来看，税收制度是促进养老金制度发展和市场发育的关键，从某个角度看，没有税法就没有养老金，或者说有什么样的税法就有什么样的养老金，因此，要充分认识到税收政策的重要性，认识到税收制度顶层设计对养老金制度的巨大影响。

从养老金制度的行政管理角度来看，不同支柱养老金由不同部门负责，事无巨细的行政管理固然重要，但没有自身部门利益的税收政策制定部门显得更为重要，利用税收杠杆调节三个支柱养老金之间的此消彼长是制度模式选择的关键环节，其调节力度是任何部门都难以替代的，它体现的是社会福祉的长期利益和国家主流价值观的主观意志，符合大多数人的根本利益。

从养老金制度的功能来看，它一方面构成家庭财富的重要组成部分，成为四大家庭财富之一，对家庭福祉和社会稳定具有重要意义；另一方面，它客观上对股市结构具有重要影响，甚至成为甄别股市是否成熟的一个标尺，即发达的养老金成为家庭财富的重要组成部分，成为股市的"压舱石"，是家庭福祉和股市稳定的社会基础设施。